KB272626

산티아고 자전거 여행

글·사진 채찬석

책:봄

산티아고 순례길의 자전거 여행

여행이란 일상적인 공간을 떠나 새로운 세계를 찾아가는 탐구활동이다. 그 과정에서 경이로움과 색다름에 대한 발견으로 새로움과 즐거움을 얻는 체험활동이다. 그래서 평범한 사람들에게는 가장 즐거운 일 중의 하나이며 살아가면서 행복감을 누리는 데에 가장 효과적인 투자다. 그런데 일반적인 여행이 아니고 자전거를 이용한 여행은 어떤 묘미와 장점이 있을까?

자전거를 이용하면 걷는 것보다 보통 3배 정도의 속도로 이동할 수 있고, 같은 시간에 3배나 멀리 갈 수도 있다. 도보 여행은 보통 하루에 20~30km를 걷게 되지만 자전거는 40~120km를 이동할 수 있어서 걷는 것보다 더 빨리, 더 멀리 갈 수 있다. 그래서 자전거 여행의 매력은 원거리를 이동하는 데 도보보다 훨씬 유리하다는 점에 있다. 물론 자동차나 비행기에 비해서는 속도나 이동 거리가 그에 못 미치지만 자전거는 근력 운동의 효과가 있고 경비가 절감되며 주차도 비교적 자유롭다. 또 차량 유지비가 들지 않아 경제적이고, 탄소를 배출하지 않아 환경보호에도 도움이 된다.

자전거로 오르막을 오를 때는 힘이 들어 고통스럽기도 하지만 내려갈 때의 쾌감은 올라갈 때의 고통을 상쇄해 준다. 그리고 오르막에 오르면 성취감을 가질 수 있어 만족감이나 보람을 느낄 수 있다.

2018년 2월에 퇴직한 후, 1년 동안 전국을 돌아보기 위한 목표를 정하여 실천 계획을 세우고 4월부터 실행에 옮겼다. 먼저 제주도 해안도로를 돌고, 남해안과 동해안, 서해안과 내륙을 돌며 국토를 10월까지 한 바퀴 돌았다. 그리하여 국내 유명 관광지나 명소 등, 가고 싶었던 곳을 갔고, 만나고 싶었던 사람들을 만나서 인터뷰도 하는 멀티 플레이 여행으로 인물 탐방기를 출간했다.

그렇게 국내를 돌고 나니 스페인 산티아고 800km도 도전해 보고 싶었다. 그래서 2020년 5월에 자전거로 산티아고의 순례길을 가고자 하는 다섯 명의 동호인들과 비행기표를 예매하고 2주일의 여행을 추진하였다. 그러나, 코로나 팬데믹 사태가 벌어져 비행기표 값을 환불받고 가지 못했다.

그러다가 2년이 지난 2022년 여름, 해외여행이 재개되면서 산티아고의 자전거 여행을 추진하는 운영자를 알게 되어 4명이 함께 산티아고에 가게 되었다. 산티아고에 가기 전에 정보를 얻기 위하여 산티아고의 자전거 여행기를 참고하려 했지만 산티아고에 다녀온 자전거 여행기가 없었다. 그래서 산티아고의 도보 여행기를 여러 권 읽었다. 그리고, 산티아고의 자전거 여행을 하고 나면 필자가 자전거 여행기를 써야겠다는 목표를 가지게 되었다. 그리하여 라이딩 중 사진을 많이 촬영하고, 중요 사항을 메모하였다. 숙소에 가면 잠을 참고 여러 가지 어려운 과정을 겪으며 이 여행의 기록을 했고, 3년 동안 여행기를 집필했다.

그런데, '자전거 타고 산티아고' 밴드의 운영자인 지훈이라는 분이 밴드의 이름과 같은 『자전거 타고 산티아고』라는 제목으로 산티아고 자전거 여행기를 2023년 4월에 발간했다. 이 책의 1부에는 산티아고에 갈 수 있는 방법과 여행에 필요한 정보를 쓰고, 2부에서는 산티아고 순례길을 달린 16일 동안의 여정을 썼다.

그리하여 필자는 산티아고 여행의 여정을 좀더 소상히 쓰고 사진을 많이 넣었다. 또, 산티아고 자전거 여행을 하려는 순례자들에게 도움을 주고자 동반자들과의 라이딩에 대해 중점을 두고 집필하였다. 그래서, 산티아고에 다녀오고자 하는 자전거 여행자에게 직접적인 도움이 되도록 했다. 또한 산티아고 순례길에 도전하는 도보 여행자에게도 참고가 될 것이다.

여행지와 여행 경로에 대한 정확도를 높이고자 인터넷을 통하여 확인하고 여정을 자세하게 썼다. 현장감을 높이기 위해 적절한 사진을 넣으며 집필하느라 많은 시간을 투자하였다. 노트북에 매달리다 보니 목디스크에 걸려 한 달 이상이나 치료를 받았고, 시력도 약간 손상되었다. 여행기는 일기처럼 필자의 개인적인 기록이어서 문학 작품이라기보다는 생활문이나 기록문에 가까운 실용문이다. 따라서 자전거 여행자에게는 직접적인 정보가 될 것이며, 산티아고의 여행을 꿈꾸는 사람들에게는 가이드로서의 가치가 있을 것이다. 학생에게 선생이 필요하듯이 여행을 시작하려는 사람에게는 가이드가 매우 중요하다.

동물들은 본능만으로도 살 수 있으나 인간은 학습하지 않으면 생존이나 효율적인 발전을 기대하기 어렵다. 인류 문화가 고도로 발전할

1.　지훈, 하움출판사, 2023. 4.12.

수 있었던 것은 언어와 문자의 덕택이며 가르침과 학습의 효과다. 농사를 짓는 일이나 자전거를 타는 일도 배우지 않으면 시행착오를 하게 되어 사고에 대한 위험도 높고 발전의 속도도 더딜 수밖에 없다.

이 여행기가 산티아고 자전거 여행을 꿈꾸는 사람들에게 실효성이 있는 안내서가 되리라 믿는다. 또 자전거 여행자가 아닌 산티아고의 도보 여행자에게 참고가 되리라 여긴다. 필자의 여행 중의 실수나 과오에 대한 기록도 여행자에게는 타산지석이 되어 시행착오를 줄이는 효과를 줄 것이다. 자전거 여행을 하다 보면 생활의 즐거움을 발견할 것이며, 강인한 체력을 기르게 되어 심신의 건강도 증진시킬 수 있다. 또 산티아고의 여행은 새로운 체험으로 인생의 지평을 넓히는 계기가 될 것이다. 필자와 산티아고 순례길의 라이딩을 함께한 분들, 집필과 편집, 제작에 도움을 준 분들, 그리고, 이 글을 읽는 분들에게 감사 인사를 올린다.

산티아고 대성당

차 례

제3부 자전거 여행을 마치고

부록

01

산티아고 라이딩의
소망이 이루어지기까지

위치 : 유럽 남서부의 이베리아 반도

언어 : 에스파냐어(인구의 89%가 카스티야어를 모국어로 씀)

화폐 : 유로(EUR, €)

면적 : 505,990km^2 [한국의 약 5배]

　(러시아, 우크라이나, 프랑스에 이어 유럽에서 네 번째 넓이)

인구 : 약 4,910만 명 세계 31위 (2024년 기준)

　[인구밀도 : 한국 520명, 스페인 97명]

GDP : 1조 7,227억 달러

GNI(1인당 국민소득) : 약 30,000 달러(2025년)

지형 : 산악, 고원이 많아 평균 고도 660m

기후 : 지중해성, 대륙성, 해양성 기후로 다양한 기후대,

　여름에 건조 상태가 심하고 겨울에는 온화함

종교 : 가톨릭 74% 이상

전성기 : 1492년 아메리카 대륙의 발견 이후, 16세기 후반(펠리페 2세)에는 식민지 영토의 확장으로 스페인 최고의 황금시대를 열었고, 16세기 중반에서 17세기 중반까지는 유럽에서 가장 강력한 국가로서 유럽 정치의 중심축이었음.

제1장

자전거 라이딩의 매력

스위스 인터라켄에서 이탈리아 밀라노로 가기 위해 차를 끌고 넘던 2011년의 고트하르트 고개, 지그재그로 오르는 오르막길이라 자동차도 숨이 차서 큰 소리로 부르릉거리며 기염(氣焰)을 토했다. 그런데 해발 2,000m²가 넘는 그 고개를 한여름인 7월 말에 자전거로 오르는 라이더들을 보고 깜짝 놀랐다. 그렇게 도전하는 것은 아주 특별한 사람들이나 할 수 있을 거라고 여겼다.

2015년 7월. 덴마크 코펜하겐과 네덜란드의 암스테르담에 갔을 때 도심지에서 자전거를 탄 시민들이 얼마나 무서운 속도로 달리는지, 금방 사고라도 날 것만 같았다. 거리에 통행하는 사람들이 많아 무척 위험스러울 텐데도 대담하게 달렸다. 시내에서 용무를 보기 위한 주행이라 가까운 거리를 달릴 텐데도 대부분의 라이더들이 복장을 갖추어 헬멧을 쓰고 있었다. 남녀노소 상관이 없었다. 교차로는 대부분 원형교차로라 신호등이 없어 대기할 필요가 없다. 교차로 중앙의 조그만 원형 동산을 돌다가 방향을 선택해 빠져나가므로 매우 효율적으로 보였다. 지금은 우리나라에도 그런 원형교차로가 많아졌다.

---

2. 실제로는 해발 2,106m.

북유럽에서는 자전거의 교통 분담률이 높다. 네덜란드의 암스테르담은 30%가 넘고 전국 평균이 27%, 덴마크 코펜하겐은 36% 이상이고 전국 평균은 23%, 스웨덴과 핀란드의 전국 평균이 17%다. 우리나라가 약 1.5%라니 자전거 이용률이 북유럽과 현격한 차이가 있다. 북유럽 국가에서의 또 하나의 특징은 자전거의 앞이나 뒤에 가방을 달아 놓은 점이다. 물품과 소지품을 싣고 다니기에 편리하도록 부착한 것으로서 자전거의 실용성을 중시하는 그들의 생활 모습을 엿볼 수

네덜란드 잔스타트의 잔담(Zaandam)역에 정돈된 자전거 주차장

있다.

북유럽 도심지의 도로는 대체로 사람이 걷는 인도, 그 옆에 자전거도로, 그리고 중앙으로는 자동차길, 이렇게 세 종류의 길로 만들어져 있다. 그런데 도심지에서는 자전거가 우선이어서 보행자가 자전거도로로 걸어가면 법규 위반으로서 벌금을 물기도 한다. 그러니 자전거의 이용이 원활하여 자전거의 낙원이다. 덴마크에서 노르웨이로 가기 위해 스웨덴으로 들어가 승용차를 몰고 고속도로를 달려가는데 승용차는 물론 승합차나 캠핑카도 2대의 자전거를 뒤에 달고 가는 걸 흔히 볼 수 있었다. 그래서 휴게소에서 주차된 차량 중 얼마나 많은 차량이 견인고리를 장착하고 있는지 살펴보았다. 거의 절반 가량의 차에 견인고리[3]가 달려 있었다. 그런데 왜 많은 차량들이 자전거를 달고 다니는지 궁금했다. 나중에 그 이유를 짐작하게 되었다.

유럽의 숲속이나 강가에는 캠핑장이 많다. 유료로 쓸 수 있는 글램핑장도 있지만 무료로 캠핑할 수 있는 곳이 많아, 캠핑카를 주차한 후 자전거를 타고 주변을 돌아보는 레저용으로 이용하기 때문이었다. 도심지에서는 캠핑카의 주차도 어렵지만 주차료가 많이 든다.

1994년에 일본 오사카에 갔을 때 거리를 보니 자전거의 이용률이 대단히 높았다. 백화점이나 전철역에는 자전거의 주차장이 잘 갖추어져 있었다. 어느 전철역에서는 자전거를 줄로 매달아 위로 끌어당겨 위와 아래의 2층으로 거치해 놓은 것도 보았다. 남녀노소 상관없이 자전거를 많이 탔다. 심지어는 치마를 입은 여자들도 거침없이 자전

---

3. 트레일러 커플러(볼 타입이나 투인치 링)와 연결하는 장치.

독일 프랑크푸르트의 도로

거를 탔고, 많은 주부들이 백화점을 갈 때 자전거를 이용했다. 그런데 우리나라는 지금도 자전거 주차장이 있는 백화점이 드물다.

2014년부터 건강관리를 위해 출퇴근 때 자전거를 이용했다. 아침저녁으로 자전거를 타기 때문에 별도로 운동시간을 내시 않아도 됐다. 또 수원의 서호와 천변의 길을 이용하니 계절의 변화를 느낄 수 있었고, 공원과 길가에 심어놓은 꽃도 볼 수 있으며, 교통 신호가 없어 자전거 타기에 안전하고 편리했다. 당시에 교직원 중에는 필자가 유일하게 자전거 통근자였는데 학생들은 물론 직원들도 신선하게 여겨주었다.

그런데 더 좋았던 것은 높은 산에 올라갔다가 내려올 때 무릎이 시려 고생하는 일이 없어졌다. 설악산과 관악산에 올라갔다가 내려올 때 무릎이 시려서 지팡이를 짚고 기어서 내려오다시피했다. 그런데 자전거를 타면서 근력이 길러진 건지, 근육이 발달한 건지 신기하게도 무릎 시린 증세가 없어졌다. 그런 효과를 보았다는 사람의 이야기도 들었다.

그리하여 시내에서 용무를 보기 위해 외출할 때, 공원이나 개천가에 나갈 때도 거의 자전거를 이용하고 있다. 시내에서는 자동차로 이동하는 시간과 자전거로 달리는 시간이 거의 비슷하다. 그런데 자전거는 웬만한 곳이면 어디든 주차할 수 있는데 승용차를 타고 가면 주차하기가 어려운 곳이 많다. 그리고 자전거를 주기적으로 타지 않으면 근력이 저하되고 근육도 퇴화하기 때문에 근거리로 외출할 때에는 되도록 자전거를 이용하고 있다.

그렇게 자전거를 많이 이용하다 보니 자전거의 애용자가 되었다. 걸어서 5분 거리인 가까운 마트도 자전거를 타고 간다. 자전거 동호회에도 나가고, 전국으로 자전거 여행을 다녔다. 서울에서 부산까지 국토 종주, 제주 일주 해안도로, 수원에서 목포까지, 남해안과 동해안, 신안섬, 사천만, 여자만, 강진만, 지리산 둘레와 운탄고도 등, 전국을 한 바퀴 돌았고 800km나 되는 스페인의 산티아고 순례길도 자전거를 타고 다녀오게 된 것이다.

사람들이 필자의 걸음걸이가 꼿꼿하다며 실제의 나이보다 몇 년을 젊게 본다. 그렇게 보이는 것은 자전거 운동의 효과로 여겨진다. 다리가 짱짱해야 젊게 보이고 건강해 보인다. 걷기 운동을 많이 한 사람들의 걸음걸이를 보면 다리에 힘이 있어 확실히 젊어 보인다. 요즘 개천가의 자전거길을 달리다 보면 달리기하는 젊은이들이 많아진 걸 쉽게 볼 수 있다. 마라톤을 전국 각지에서 개최하고 있는데 근래에는 마라톤대회에 참여하는 젊은이들이 증가했다는 뉴스도 보았다.

10여 년 전, 덴마크의 공원길을 걷다가, 젊은 두 여성이 고무공 튀어 오르듯 통통 달려 깜짝 놀랐던 일도 있다. 키가 큰 거구라 보폭이 넓어 아주 빠른 속도로 달리는 걸 보며 젊음은 저렇게 아름답구나 싶었다.

덴마크의 지방도로를 달리는데 초등학생으로 보이는 남자아이가 들길을 달려오며 한 손을 치켜들고 차도로 다가왔다. 옆에 있던 딸이, 저 아이가 차도로 진입한다는 표시란다. 그 이야기를 교직원들에게 했더니 체육 교사가 우리나라도 자전거 타는 요령을 체육 교과에서 가르친다고 했다. 체육 교과서를 보니 자전거 타는 요령과 방법이 교과서에 수록되어 있다. 독일에서는 어린아이들의 세 발 자전거를 보기 어렵다. 페달이 없는 조그만 자전거를 안장에 앉아 발로 밀고 다니며 균형을 잡는 걸 익히고, 그게 되면 바로 두 발 자전거를 탄다는 것이다. 자전거 타는 걸 배우는 데에는 단계가 필요하고, 안전하게 자전거를 타기 위해서는 학습이 필요했던 것이다.

2014년 6월 6일, 가수 션이 자전거로 부산에서 서울까지 18시간 47분에 달려갔다는 기사를 본 일이 있다. 정말 놀라운 기록이다. 빨리 가는 것만이 능사는 아니지만 페달을 밟아 부산에서 서울을 하루에 갔다는 것은 믿어지지 않을 만큼 충격적인 기록이었다. 필자는 2016년에 서울 잠실에서 부산 을숙도까지 가는 데 4박 5일이나 걸렸기 때문이다.

자전거 타기는 유산소 운동으로서 폐활량을 증가시켜 심혈관 강화,

혈당 조절로 당뇨와 고혈압을 예방하고, 근력 강화로 전신의 균형을
유지할 수 있다. 정신적으로는 스트레스를 해소할 수 있고, 사회적으
로는 인간관계의 상호작용을 촉진할 수 있어 대인관계도 좋아진다.
나아가 기후 위기 시대에 탄소 배출을 줄여 환경보호에도 기여할 수
있다.

2014년 가수 션의 서울 - 부산 자전거 주행 후
션은 어린이 재활병원 건립을 위한 푸르메재단에 1억원을 기부함
그때 〈스포츠경향〉 신문에 보도된 사진

제2장

산티아고, 세계적인 순례자의 길

우리나라의 많은 사람들이 산티아고에 다녀왔다. 또 세계의 많은 사람들이 가보고 싶은 버킷리스트로 꼽기도 한다. 산티아고에 어떤 매력이 있어서 그럴까? 또는 무엇이 좋아서 가고 싶을까? 이 산티아고 길을 다녀왔던 서명숙[4] 씨는 거기에서 힌트를 얻어 제주 올레길을 만들었다고 한다.

그런데 산티아고 길 800km를 한 번 다녀오기가 그리 쉽지 않다. 한 달 이상의 시간을 낼 수 있어야 하고, 한 달 이상을 걸을 수 있는 체력과 정신력이 필요하며, 경비 또한 적지 않게 필요하기 때문이다. 그렇지만 근래에도 세계인들이 매년 30만~50만 명이 이 산티아고를 다녀가고 있다.

까미노(Camino, 길) 데(de, 전치사) 산티(Santi, 성), 아고(iago, 아고)는 '산티아고로 가는 길'이라는 뜻이다. 산티아고는 스페인 북서부의 지명인데, 정식 명칭은 산티아고 데 콤포스텔라다. 어원을 살펴보면, Santi(성) + iago(아고) + de(지명에 쓰이는 전치사) + compos(들판) + stella(별)에서 온 말로서 "성 야고보, 별들의 들판"에서 비롯된

---

4. 제주 올레길의 창시자, 전 기자 · 편집장 등을 역임한 언론인.

말이다.

야고보는 예수 승천 이후인 서기 40년에 복음을 전파하고자 예루살렘에서 배를 타고 스페인 동북부 지역의 나바라 지방으로 갔다. 그곳에서 이교도(異敎徒)들을 대상으로 사역하면서 복음을 전하며 내륙을 지나 갈리시아 지방으로 이동했다. 그는 온갖 어려움을 극복하고 42년에 예루살렘에 돌아왔다. 그렇지만 44년에 헤롯왕에게 참수당하고 만다. 예수의 12사도 가운데 야고보가 첫 번째 순교자였다. 제자들이 그의 유해를 수습하여 그가 설교하던 스페인 북부에 묻었다.

그리고 오랜 세월이 흐른 9세기 초, 펠라기우스 헤르미트라는 목동이 유난히 밝은 별을 보고 그 빛을 따라갔더니 리브레돈 들판이었다. 그 빛은 어느 무덤을 비치고 있었다. 그 이야기를 들은 이리아의 주교인 테오도 미루스가 묘지를 확인한 결과 야고보의 무덤임을 발견하게 되었다. 그리하여 그 주교가 교황에게 야고보의 묘역에 성전 짓기를 요청하여 야고보의 유골을 안치하고 성당을 세운 것이다.

그 후, 이슬람의 군대와 맞선 클라비 전투에 백마를 탄 야고보가 갑옷을 입고 칼을 들고 하늘에서 내려와 무어인의 목을 베고 승리하게 되었다는 전설이 퍼지면서 이 성당에 순례자가 늘기 시작했다. 그러자, 교황이 874년에 그 자리에 성당을 새로 지었고, 그 후 성당을 거듭 짓고, 보수하며 오늘에 이르렀다.

이 길은 유네스코에서 1994년에 세계문화유산으로 지정하였다. 근래에 이 길을 걸은 인원이 많을 때는 한 해에 50만 명이 다녀간 해가 있었다고 한다. 세계의 여러 나라 사람들이, 여러 방향에서, 다양한 방법으로 산티아고에 순례를 다녀가고 있다. 오늘날에는 기독교인뿐만 아니라 비종교인이나 다른 종교인들도 산티아고를 순례하고 있다. 그리하여 이 순례길 주변에는 알베르게나 호텔, 음식점들이 많이 생겼다. 산티아고 순례자의 대부분은 프랑스 생장에서 출발, 피레네산맥을 넘어 스페인 북부를 횡단하여 약 800km의 산티아고까지 걷는다.

이 코스를 완주하는 데에는 보통 35일 내외의 시간이 걸리는 힘든 여정이기 때문에 일부 구간만 걷는 이도 있고, 일부 구간을 차량으로 이동하기도 한다. 자전거를 타고 가기도 하지만 말을 타고 가는 이도 있고, 심지어는 휠체어를 타고 가는 이도 있다. 산티아고에서 야고보의 무덤이 발견되었다고 알려진 9세기 이후부터 현재에 이르기까지 세계인들의 발길이 계속 이어지고 있다. 처음에는 기독교인들이 성

산티아고로 가는 라이더 커플

지 순례 코스[5]로 걷던 길이었는데 워낙 많은 사람들이 다녀가다 보니 지금은 이교도(異敎徒)나 비종교인들도 순례하는 세계적인 순례길이 된 것이다.

이 순례길을 두 번, 또는 세 번 걷는 이도 있고, 일부 구간을 걷고 다음에 와서 또 나머지 구간을 걷는 이도 있어 순례의 방식은 다양하다. 또 포르투칼 리스본에서 출발하여 산티아고 성당으로 가는 길, 스페인 수도의 마드리드에서 가는 길, 스페인 동북부의 빌바오에서 가는 길 등, 여러 루트가 있다. 길도, 걷는 방법도, 순례의 목적도 각기 다르지만 산티아고데콤포스텔라에 세계의 많은 사람들이 줄을 이어 걷고 있다.

5. 기독교인들의 3대 성지 : 이스라엘 예루살렘, 로마 바티칸, 산티아고데콤포스텔라.

제3장 라이딩의 출발 준비

산티아고 순례길 800km의 대장정에 도전하기 위해서는 시간, 경비, 용기, 정보가 필요하기 때문에 여러 가지를 준비해야 한다. 많은 사람들이 다녀가는데, 특히 기독교인들이 성지 순례를 위해 찾아간다. 이 산티아고 여행에 대해서는 TV 방송에서도 보았고, 그곳을 다녀온 분들의 이야기를 듣기도 했으며, 책과 유튜브로도 보았다. 대학 동창인 P 교수가 산티아고 도보 여행을 두 번이나 다녀왔다. 처음 다녀왔을 때는 여정 중심의 순례기를 썼고, 두 번째 다녀와서는 제목과 주제를 부여하여 수필 형식의 여행기를 썼다. 그의 첫 번째 기행문을 읽고, '나도 언제 산티아고에 가볼 날이 있을까?' 하는 동경과 기대를 가지게 되었다.

필자는 재직 중이던 2016년에 자전거로 서울에서 부산을 가보았다. 그렇게 국토 종단을 하고 나니 국내 일주를 한번 하고 싶었다. 그래서 퇴직하기 직전에 전국 일주의 자전거 여행을 계획했다. 그리하여 2018년 2월 말에 퇴직한 후, 4월부터 10월까지 실천에 옮겼다. 그리고 그 이후에는 지리산 둘레길, 수원에서 속초까지 국토 횡단, 신안의 천사섬, 사천만, 여자만, 강진만, 운탄고도 등으로 라이딩을 다녀왔다. 전국을 일주하고 각 지방으로 혼자서 캠핑하며 다녔다.

그러나 산티아고는 혼자 갈 엄두를 내지 못했다. 혼자 가기에는 영어가 서툴러 자신이 없고, 혼자서 겪을 어려움에 선뜻 나서지 못했다. 그리하여 동반자를 구하기 위해 친구나 동료, 가깝게 지내는 지인들에게 산티아고 여행을 함께 가보자고 권유해 보았지만 동행하겠다는 사람이 없었다.

그래서 2019년에 자전거 동호회 '자전거 타고 산티아고'라는 밴드에 가입하여 자전거로 산티아고에 다녀오려는 동호인들을 만나 정보를 나누게 되었다. 그 밴드에서 산티아고 자전거 여행 설명회가 있다고 알려주어 참석했다. 50명 정도의 동호인들이 참석하여 산티아고에 가는 비행기와 경로, 준비물 등에 대한 설명을 들었다. 그리고 동행할 시기가 맞는 사람들끼리 5~7명으로 팀을 편성하였다. 그리하여 2020년 5월에 일행들과 파리에 가는 비행기표를 구입해 놓았다. 그리고, 일행들과 1주에 한 번씩 서울 근교의 자전거길을 라이딩하며 트레이닝을 했다.

그런데 갑자기 코로나 팬데믹으로 감염병이 전 세계에 창궐하자 항공사에서 출발을 한 달 앞두고 비행기 운행을 포기하여 산티아고 자전거 여행 계획이 수포로 돌아갔다. 그래서 코로나가 극심하던 1년 정도는 동호인들도 만나지 못하고 지냈다. 코로나가 한풀 꺾인 후부터 동호회원들은 서울에서 매주 1회 정도 만나 서울 근교로 라이딩을 나갔다. 필자는 수원에 살고 있어, 차에 자전거를 싣고 서울로 가서 자전거를 꺼내 타고 돌아와, 자전거를 다시 차에 싣고 돌아왔다. 그런 번거로움 때문에 동호회[6]에는 자주 나가지 못했다.

---

6. 담쟁이 : 서울에서 20여 명이 모이는 자전거 동호회.

산티아고 라이딩이 무산된 지 2년이 지나자 코로나의 기세가 약화되었다. 2022년 9월, 산티아고의 자전거 여행을 추진하는 운영자를 알게 되었다. 10월 10일에 출발하여 10월 25일에 돌아오는 14박 16일의 일정인데 비행기, 숙박, 식사 등을 모두 해결해 주는 조건으로 참가 회비가 550만 원이었고 희망자는 5명이었다. 그러나, 출발 직전에 한 명이 참가하지 못하게 되어 4명만 가게 되었다. 비행기표의 구입, 숙박업소, 식사와 간식 제공, 항공이나 교통편 준비, 일행의 짐을 싣고 에스코트할 차량 운행, 길 안내와 모든 준비를 운영자가 해결해야 하기 때문에 4명만 인솔해서는 수익성이 별로 없는데 고맙게도 그 경비로 여행을 추진했다.

출발 며칠 전, 사전 준비를 위해 수원에서 참가할 4명이 만났다. 이 여행을 추진하는 가이드인 운영자, 분당의 석교[7] 씨, 수원의 승호 씨와 4명이 수원에서 만났다. 운영자는 여행에 관한 안내를 해주고 준비물을 알려주었다. 운영자는 해외에 근무하다 퇴직하고 자전거 여행자들을 모아 인솔하는 50대의 가이드였다. 필자와 석교·승호는 60대 후반이었고, 길짱은 40대의 직장인이었다. 동행자 중에 필자가 가장 연장자였으나 자전거 경력과 기량은 가장 부족했다.

800km의 장거리를 라이딩하기 위해서는 트레이닝이 필요한데 시간이 나지 않아 출발 전에 딱 한번 수리산 임도에 가서 라이딩을 잠깐 해보고 더 연습하지 못했다. 출발을 앞두고 자전거를 비행기에 싣기 위해서는 분해한 후, 박스에 넣어 포장해야 되는데 포장할 박스를 구

---

7. 함께 여행한 일행의 이름은 모두 가명임.

하기가 어려웠다. 몇 곳의 자전거 판매점에 가 보았으나 박스를 구하지 못해 단골 자전거 수리점에 가서 주인에게 사정했더니 새 자전거의 포장을 뜯어 자전거를 빼내고 주었다.

다음은 자전거를 분해해야 하는데 할 줄 몰라, 이번 여행의 동행자에게 물어물어 분해했다. 상자에 자전거를 넣는데 상자가 좀 작아서 포장하기가 어려웠다. 스카치 테이프로 단단히 붙여서 포장했다. 나중에 동행자들이 가져온 박스를 보니 다른 사람의 포장보다 내 상자가 작았다. 자전거 수리점에서 작은 자전거의 상자를 주었기 때문이다. 공항에서 일행의 가방을 보고서야 자전거를 넣어 끌고 다닐 수 있는 바퀴 달린 캐링백이 있다는 것을 알게 되었다.

아름답지만 고적한 산티아고 순례길

 # 제4장 산티아고 자전거 여행의 집필 동기

산티아고로 출발하기 전에 트레이닝을 몇 번 하려고 했는데 시간이 나지 않아 겨우 두 번만 연습했다. 먼저 수리산 임도의 산길로 트레이닝을 나갔다. 그 길은 약 4km 정도인데 가파른 경사로가 많고 비포장이라서 자전거 동호인들이 업힐을 연습하는 산길이다. 한동안 자전거를 타지 않아 속도가 나지 않았고, 힘이 들어 심한 오르막에서는 끌바[8]를 했다. 그런데 젊은 라이더들은 그 심한 오르막을 자전거 타고 거뜬히 올라갔다. 그들이 부럽기도 했고, 산티아고에 라이딩할 때 동료들을 따라갈 수 있을지 걱정스럽기도 했다. 내 수준으로는 무리가 될 수 있다는 생각이 들었지만 일단 참가 신청했으니 도전해 보기로 했다.

산티아고에 대한 호기심과 의욕 때문에 600만 원의 경비를 지출하고, 2 주일의 여행 시간을 확보했다. 출발하기 전에 산티아고 자전거 라이딩에 필요한 사전 지식을 얻고자 도서관에 가서 산티아고 자전거 여행기를 찾아보았다. 그런데 자전거 여행기는 없고 도보 순례기만 10여 권이 있었다. 인터넷을 검색해 보니 유튜브에 자전거 여행의 동영상은 많은데 자전거 여행기는 없었다.

---

8. 끌고 가는 바이크(오토바이나 자전거를 끌고 걷는 것).

1. **여행 기간 :** 2022년 10월 10일 ~ 25일(라이딩은 10월 13일 ~ 22일. 10일)

2. **운영자 :** 50대, 해외 자전거 여행 추진 및 운영자

3. **길짱 :** 40대, 산티아고 라이딩 유경험자로서 이번 여행의 길잡이

4. **석교 :** 대기업에서 퇴직한 60대 후반, 해외 라이딩 경험 및 동호회 활동 5년

5. **승호 :** 자전거 라이딩 동호회 활동 10년 이상의 60대 후반의 자영업자

6. **필자 :** 퇴직하여 자전거 여행하는 60대 후반, 자전거 경력 5년

7. **참가비**(항공료 등 교통비, 침식비, 간식비, 에스코트 차량 운행비 포함) **:** 550만원

8. **각자 개인 자전거 지참**

※ 위 4,5번 이름은 가명

산티아고 순례기는 많은데 왜 자전거 여행기가 없을까[9]? 자전거 여행기를 필요로 하는 독자가 없어 쓰지 않았을까? 아니면 자전거 여행기를 쓰기가 어려워서 못 썼을까? 곰곰 생각해보니, 자전거를 타고 가면 여행에 대한 기록이 어렵기 때문에 글을 쓰기가 어려웠을 것 같다. 양손으로 자전거 핸들을 잡고 달려야 하므로 달리는 중에는 사진 촬영도, 메모도 어렵다. 그리고, 독자도 많지 않기 때문일 것이다.

산티아고 라이딩 기록의 책이 없어 도보 순례기를 다섯 권쯤 읽고, 『영어도 못하는 시골 아줌마 나홀로 산티아고』[10] 라는 제목의 여행기를 서점에서 구입했다. 이 책의 저자는 함안에서 살고 있는 평범한 시골 주부로서 외국어를 구사하지 못하는 평범한 50대 후반의 여성이었다. 그런데 혼자서 산티아고 800km를 걸어서 다녀온 후에 여행기를 쓴 것이다. 이 책을 읽으면서 중요한 명승지가 어디인가에 유념하였고 산티아고 여행 중에 참고하기 위하여 스페인에 가지고 갔다.

그리하여 순례자들이 줄을 잇고 있는 스페인 북부의 산천(山川)과 들, 성당과 유적지, 산티아고 대성당 등을 탐방할 수 있게 된 것이다. 많은 사람들이 이 순례길을 가보고 싶어 하시반 체력, 용기, 시간, 경비 마련 등이 어렵기 때문에 쉽게 뜻을 이루지 못한다. 필자 역시 근력이나 기량이 부족하여 어려움이 예상되었다. 그렇지만 기회가 있을 때 가보자는 마음으로 용기를 내어 실행하게 되었다.

그리고, 산티아고 자전거 여행기를 쓰기 위하여 메모할 수첩, 매일

9. <자전거 타고 산티아고> 저자 지훈. 2023. 4. 12. 발간.
10. <산티아고 도보 여행기> 저자 박미희. 2019. 5. 29. 2쇄 발간.

여정을 쓸 일기장, 사진을 촬영할 디카와 고프로, 여벌 옷, 약품, 자전거 용품 등을 3개의 가방에 담았다. 다른 사람들은 한 개의 가방으로 간단하게 짐을 꾸렸는데 필자만 가방이 많아 이동할 때마다 불편을 겪어야 했다. 해외 라이딩의 경험이 없었기 때문이기도 하지만 자전거 여행기를 집필하고자 준비물을 챙기다 보니 짐이 많아진 것이다. 그렇게, 여러 물품을 많이 가지고 가게 된 것은 해외 라이딩의 경험 부족 때문이었고, 여행의 불편을 대비하기 위한 지나친 염려에서 비롯되었다.

제5장

인천에서 스페인으로

서수원터미널에서 승호 씨를 만나 리무진 버스로 인천공항에 갔다. 공항 3층에서 길짱인 상수 씨와 분당의 석교 씨를 만났다. 좌석표 발매기에서 일행과 나란히 앉을 수 있는 좌석을 잡으려 했는데 두 사람조차 나란히 앉을 자리가 없었다. 긴 탑승 시간에 여행에 대한 의논이나 정보를 나누기 위해 일행과 앉고 싶었는데 멀찍이 떨어져 각각 혼자씩 앉게 되었다. 자전거를 포장한 박스를 접수 창구에 들여보낸 후, 출국 수속을 마쳤다. 좌석이 기내의 통로 쪽이어서 밖을 볼 수 있는 창쪽 자리에 앉고 싶다고 했더니, 고맙게도 석교 씨가 창가의 자리를 양보해 주었다.

인천에서 아부다비를 경유하여 바르셀로나까지 가는 데는 무려 15시간이나 걸리는 먼 여행길이기 때문에 책 한 권을 충분히 읽을 수 있는 시간이다. 이번 산티아고 여행에 참고하기 위해 「나홀로 산티아고」라는 책을 기내에 가지고 탔다. 비행기에서 바르셀로나에 도착하기 전에 모두 읽었다. 그 순례기를 읽으며 수첩에 중요 내용을 기록하거나 생각을 적었는데, 졸다가 볼펜을 떨어뜨려 잃어버렸다. 기내의 좁은 좌석에서 일어나 몸을 돌리며 구석구석 찾아보았지만 어디로 떨어졌는지 보이지 않았다. 가볍고 쓰기 좋은 볼펜을 끝내 찾지 못해 아

아부다비로 가는 비행기에서 촬영한 구름

쉬웠다.

비행기로 9시간 이상을 날아가 아부다비 공항에 도착한 건 새벽 3시 30분. 아부다비는 한국보다 5시간이 늦어 현지 시각으로는 밤 10시 30분이다. 비행기에서 나와 바르셀로나행 여객기로 환승하기 위해 게이트를 찾아갔다. 출구로 나가는 길과 다른 여객기로 환승하기 위해 가야 할 갈림길에서 석교 씨와 승호 씨랑 셋이서 길짱을 기다렸다. 그러나 그는 승객이 모두 나올 때까지 오지 않았다. 혹시 그가 바르셀로나행 탑승 게이트로 갔는지 몰라, 기다려 달라고 한 후, 혼자서 찾아갔다. 통로가 길고 거리가 예상보다 멀었다. 가다가 갈림길도 두 번이나 나왔지만 환승객들을 따라가 바르셀로나행 게이트로 가보니 길짱이 대기석에 태연히 앉아 있다. 우리는 길짱이 갈림길에서 기다려주지 않고 게이트로 먼저 갔다고 섭섭하게 여겼다.

비행기 대기 중에 볼펜을 구입하려고 공항 내의 상가를 찾아갔다. 문구점이 어디에 있는지 몰라 치킨 가게에 가서 문구점을 문의하니 가게에 있던 볼펜 한 자루를 쓰라고 주었다. 대기석에 가져와서 써보니 잉크가 나오지 않았다. 펜을 구입하기 위해 공항 직원들에게 물어 물어 문구점을 찾아갔다. 볼펜을 고른 후, 계산하려고 카드를 주니 작동이 안 된다고 한다. 비자카드가 아니고 BC카드라 결재가 안 되었다. 달러로 계산한다니 10불, 약 14,000원이다. 평이한 볼펜이라서 비싼 편이었지만 바르셀로나까지 가는 동안 메모하기 위해 구입했다. 자전거를 넣은 상자에 펜이 있지만 아부다비 공항에서 3 시간을 기다려야 하기 때문에 메모할 펜이 필요했다.

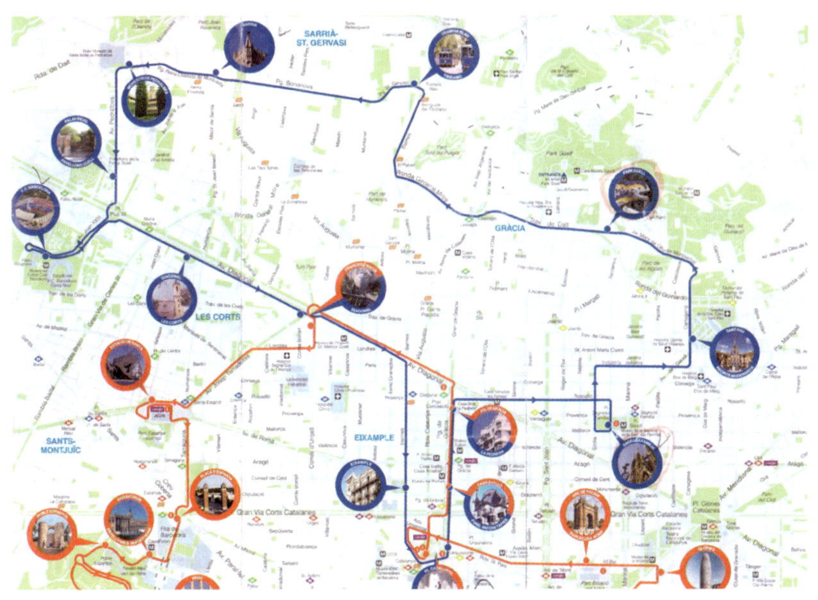

바르셀로나 시내 관광 지도(청색 노선 이용)

제6장 바르셀로나 시내 관광

아부다비에서 비행기로 5시간쯤 비행 후, 바르셀로나에 도착하니 아침 9시. 날이 밝았다. 출구로 나가, 우리를 맞아 줄 운영자를 찾았으나 보이지 않았다. 운영자가 공항으로 먼저 와서 기다려줄 것으로 기대했는데, 없다. 길짱이 통화하더니 그가 공항으로 오는 중이라고 했다. 잠시 기다리니 운영자가 나타났다. 그는 렌트해 온 승합차로는 자전거를 싣고 두 사람만 태울 수 있으니, 두 사람은 지하철을 타고 호텔로 찾아오라고 했다. 길을 모르는데 어떻게 찾아오라 하느냐고 석교 씨가 불만스럽게 말하자, 운영자는 자전거를 실을 수 있는 영업용 승합차를 한 대 불렀다. 운영자가 렌트해 온 승합차에 길짱이 타고, 우리 셋은 영업용 승합차에 자전거를 싣고 타, 호스텔로 갔다.

운영자는, 자전거와 다섯 사람이 탈 수 있는 승합차를 구하려고 했는데 그런 차량을 구하지 못해 자전거와 세 사람만 탈 수 있는 승합차를 렌트할 수밖에 없었다고 했다. 사실이 그런지, 아닌지 알 수 없지만 그 차량 때문에 여행 중 여러 번 불편을 겪어야 했다.

바르셀로나는 황영조가 1992년 바르셀로나 올림픽에서 금메달을 획득하여 전 국민에게 환희를 안겨준 도시다. 그래서 바르셀로나는 처음으로 왔지만 어쩐지 친근한 도시다. 이곳은 스페인 동쪽의 항구

도시라 길의 우측으로는 바다와 배가 보였고, 좌측으로는 산이 보였다. 차를 타고 가면서 스페인의 풍광을 주의 깊게 보았다. 호스텔에 자전거 박스와 짐을 두고 바르셀로나의 유명한 라보케리아 전통시장으로 갔다. 시장을 돌아보다 해산물을 파는 간이 식당에서 점심을 먹었다. 많은 종류의 해산물을 유리 쇼케이스에 진열해 놓고, 주문을 받으면 즉석에서 요리해 주었다.

시장 통로에 있는 가게 앞에 놓인 한 줄 의자에 나란히 앉았다. 대화를 나누기에는 불편했지만 좁은 시장 안에서는 불가피했다. 인천에서 바르셀로나까지 오는 동안 3차례 정도의 기내식만 먹다가 이 시장에 와서야 음식을 제대로 먹을 수 있게 되었다. 여러 종류의 생선과 해산물을 푸짐하게 먹었다.

식사 후에 카탈루냐 광장으로 걸어갔다. 다양한 복장의 관광객들이 광장에 운집해있다. 한국 젊은이 몇 명이 그 광장의 센터에서 햇빛 반사경을 설치하고 큰 카메라로 동영상을 촬영하고 있다. 영상 분야 전

바로셀로나의 라보케리아 전통시장

카탈루냐 광장에서 동영상을 촬영하는 한국 대학생들

공의 대학생들이라는데, 10여 명이 공동 작품을 제작하는 중이었다. 반가워 인사라도 나누고 싶었는데, 그들이 동영상 촬영에 분주하여 한마디도 나누지 못했다.

바르셀로나의 관광을 위해 시내투어 버스를 탔다. 관광버스는 붉은 색과 파랑색의 두 종이 있는데, 색깔별로 시내 투어의 노선이 달랐다. 우리는 1인당 25유로의 티켓으로 청색 관광버스를 탔다. 버스의 2층에 지붕이 없어 시야가 좋아 2층으로 올라가 자리를 잡았다. 타고 가다 내리고 싶은 곳에서 내려 관광하고, 다시 다음 버스를 타고 시내를 한 바퀴 돌아오는 시스템이다.

버스가 달리는 동안 길옆의 건물들을 보고 가다가 파밀리아성당 옆에서 내렸다. 거대한 옥수수자루를 몇 개 세워 놓은 것 같은 커다란 건물이다. 건축 양식이 매우 독특했다. 그 위로 높이 솟아있는 크레인이 여러 대가 보였는데 공사 중이라 어수선했다. 스페인의 세계적인 건축

2층 버스로 바르셀로나 시내 투어 중, 중앙의 건물은 국립카탈루냐미술박물관

가, 가우디가 설계하여 1882년부터 시작한 공사가 지금까지 계속되고 있는데, 2026년에 완공될 예정이라니 무려 144 년이나 걸리는 엄청난 공사다. 건물의 모양이 특이하고 규모가 커, 매우 경이로웠다.

많은 관광객들이 성당 앞에 서서 건물을 보거나 사진을 촬영했다. 성당의 뒤쪽으로 가니 축구장 만한 호수가 있고, 주변에는 거목들이 있다. 뒤에서 보는 성당의 풍경이 앞쪽보다 나았다. 여러 나라의 관광객들이 물밀듯이 몰려다녔는데 한국인 관광객도 여러 명을 보았다.

그라시아 거리에 있는 카사바트요[11]와 그 옆에 있는 계단식 지붕의 카사아마트예르[12]를 보았다. 두 건물은 너무나 형태가 다르고 이질적이어서 성격이 아주 다른 건물인데도 특이하게 나란히 있다. 카사아마트예르가 지어진 후, 옆에 있는 집을 섬유업자인 바트요가 가우디에게 재건축을 의뢰해서 만든 건물이 바로 카사바트요다. 그래서 바트요의 질투에 의해서 만들어진 결과물이라고 말하는 이도 있다. 건물의 형태가 너무 다르고 대조적이어서 이질적인 건축물이다. 그런데 그 두 개의 건축물이 바르셀로나의 유명한 관광 상품이 되었다. 아이러니하다.

세계적으로 잘 알려진 구엘공원에 가보고 싶었는데 운영자는 공사 중이라 입장이 안 된다고 했다. 구엘공원은 동화에나 나올 듯한 특이한 건물과 아름다운 조형물이 있어 바르셀로나의 대표적인 관광 명소다. 그런데, 그 공원을 보지 못해 아쉬웠다. 다른 일행들은 전에 와 본

---

11. 가우디가 설계하여 만든 해골 같은 건물.
12. 푸이크 카다파르크가 만든 건물.

일이 있어서 그런지 구엘공원이나 그 외의 관광 명소에 가보려고 하지 않은 것은 물론 관광에 대해서는 아무런 언급이 없었다. 그러니 혼자 냉가슴만 앓는 격이었다.

운영자와 길짱은 내일 아침 팜플로나행 기차표를 예매한다고 시내 투어를 하다가 중간에 버스에서 내렸다. 아직 저녁이 되려면 시간이 많이 남았기에 우리는 버스로 시내를 한 번 더 돌고 카탈루냐 광장으로 돌아왔다. 광장에서 호스텔로 들어와 운영자를 기다렸다. 운영자와 길짱이 기차표를 구입하고 돌아와, 식당으로 가서 파토스를 석식

뼈다귀 건물 같다는 카사바트요(중앙)

공사 중인 파밀리아성당(측면)

파밀리아성당(후면)

옥수수자루 모양의 파밀리아성당

으로 먹었다. 운영자가 저녁 식사에는 매번 와인을 한 잔씩 제공하겠
다며 주문해 주었다. 샹그리아도 한 잔 마셨다. 필자 외에는 술을 즐
기는 사람이 없어 일행 5명이 와인 한 병이면 충분했다.

석식 후에 석교 씨가 커피를 산다고 하여 카탈루냐 광장으로 갔다.
광장 입구 좌측의 카페에 가니 사람이 너무 많아 자리가 없다. 그 카
페를 왼쪽으로 돌아가니 낮에 들렀던 카페다. 그 카페로 들어가, 카푸
치노를 한 잔 마시고 일행들의 말을 듣다가 꾸벅꾸벅 졸았다. 비행기
에서 전혀 잠을 못 자 졸음이 쏟아졌다.

필자가 자꾸 졸자 일행들이 숙소로 가자고 일어났다. 호스텔에서
한 잔 더 하려고 사과를 몇 개 사 왔다. 방에 들어와 인천공항 면세점
에서 구입한 양주를 꺼내 일행들과 한두 잔 마시며 잠시 이야기를 나
누었다.

바로셀로나 해변

제7장 라이딩 출발지, 프랑스 생장피에드포르로

바르셀로나에서 열차로 팜플로나에 가, 승합차 타고 생장으로

새벽에 일어나 석교, 승호 씨와 택시로 바르셀로나역으로 가, 팜플로나행 열차를 탔다. 운영자와 길짱은 자전거를 실은 승합차를 타고 가, 팜플로나역에서 만나기로 했다. 열차를 탄 우리는 좌석이 각각 달라 3명이 따로 앉았다. 더구나 석교 씨는 다른 칸이었다. 좌석에 앉아 메모하고 있는데 승호 씨가 식당 칸으로 가서 맥주를 마시자고 하여 다른 칸에 있던 석교 씨도 불렀다. 함께 캔맥주를 마시며 이야기를 나누었다. 서서 이야기를 나누다가 여행기를 쓰기 위하여 먼저 내 자리로 돌아왔다. 먼저 자리로 돌아가니 승호 씨는 섭섭했던가 보다. 둘이 한 번씩 맥주를 샀는데 내가 얻어먹기만 하고 그냥 가버리니 얌체로 여겨졌나 보다.

차창 밖을 보니 개발되지 않은 들이 넓다. 농지도 아니고 초지도 아닌 활용하지 않는 땅, 즉 유휴지다. 남한보다 다섯 배나 넓은 땅에 인구밀도는 우리보다 1/5 이하니 개발하지 않고 놀리는 땅이 많은가 보다. 아니, 강수량이 적어 사막처럼 풀조차 제대로 자라지 못하는 황무

바로셀로나역 플렛폼

기차 안의 카페

팜플로나로 가는 열차에서 촬영한 창밖 풍경

개발되지 않고 방치된 들판

지였기 때문일까? 우리나라는 산이나 숲이 아니면 경작하지 않고 방치해 놓은 땅이 없기 때문에 부러웠다.

팜플로나역에서 내렸다. 승합차를 타고 오는 운영자와 길짱을 기다리기 위해 역사(驛舍) 옆의 빵집으로 들어갔다. 열차의 BAR에서 맥주를 얻어먹었기에 점심으로 빵과 차를 샀다. 열차에서 승호, 석교 씨에게 얻어먹은 맥주값보다 더 많은 비용을 지불했다. 빵을 먹고 있는데 바로 운영자와 길짱이 도착하여 서둘러 자리에서 일어났다. 운영자가 승합차로 오니 열차보다 조금 늦게 오리라 여겼는데 의외로 빨리 왔다. 운영자는 오자마자 바로 시내버스를 타고 버스터미널로 가자고 재촉했다.

버스터미널로 가서 생장[13]으로 가는 시외 버스표를 구입하고자 운영자는 무인판매기를 작동했다. 그러나, 생장행 버스표가 모니터에 떠오르지 않아 구매할 수 없었다. 표를 파는 사무원이 없어 자동판매기에서 버스표를 구입해야 하는데 생장행 버스표가 모니터에 떠오르지 않았다. 여러 사람에게 문의한 결과, 오늘이 공휴일이어서 프랑스의 생장행 버스가 운행되지 않는다는 것이나. 그래서 사판기에 생장행 표가 떠오르지 않고, 사무실의 문도 닫혔나 보다. 그래도 다른 노선을 운행하는 버스는 계속 터미널을 드나들었다.

우리는 할 수 없이 승합차로 생장까지 가기로 했다. 운영자가 렌트해 온 승합차는 운전석 외에 조수석 두 자리만 승차가 가능하기 때문에 운영자는 나와 석교 씨를 먼저 태우고 프랑스의 생장으로 출발했

---

13. 산티아고행 출발지인 프랑스 Saint-Jean-Pied-Port.

다. 남아있는 길짱과 승호 씨는 분해된 자전거를 조립하며 기다리기로 했다. 석교 씨와 나는 승합차로 1시간 반쯤 달려 생장에 도착했다. 운영자는 예약된 호스텔을 찾지 못해 호스텔을 지나 산기슭 중턱에 있는 주택지에 우리를 내려놓고, 승호 씨와 길짱을 데려 오기 위해 다시 팜플로나로 갔다.

생장은 인구 1500명 정도의 작은 마을이다. 니브강 주변의 계곡을 따라 양쪽으로 건물이 모여 있는 아담한 산동네다. 승합차에서 내려놓은 자전거 박스와 가방을 들고 골목길로 100m쯤 걸어가 호스텔에 들어갔다.

호스텔에 들어가니, 여자 관리인이 예약된 방을 알려주고 자전거를 넣어 둘 창고를 알려주었다. 창고에 들어가 분해된 자전거를 박스에서 꺼내 조립했다. 석교 씨는 자전거 조립을 쉽게 했는데 경험이 없는 나는 제대로 하지 못해 석교 씨의 도움을 받아 조립했다. 3층의 침실

팜플로나역에서 시외버스터미널로 가려고 탄 시내버스

로 올라가는데 오래된 목조 건물이라 발을 옮길 때마다 계단에서 찌
그덕거리는 소리가 났다. 호스텔 관리인은 냉장고를 열고 내일 아침
에 우리가 먹을 음식을 알려주고 조리하는 요령도 영어로 설명했다.
나는 거의 알아듣지 못하는데 외국 주재원 생활을 많이 한 석교 씨가
호스텔 관리인과 대화하였다. 관리인은 설명을 마치고 퇴근했다.

　석교 씨는 양말과 옷을 빨아 널었다. 나는 여벌 옷과 양말을 여유 있
게 가져와 샤워만하고 피곤해서 침대에 누웠다. 오후 8시가 넘어 배
가 고픈데 운영자는 오지 않고 연락도 없다. 대부분의 식당은 오후 8
시 이후에는 문을 닫기 때문에 운영자에게 전화하니 9시가 넘어야 호
스텔에 도착할 거라고 했다. 석교 씨와 호스텔에서 나와 상가로 내려
가 식당에 들어가니 영업이 끝났다고 했다. 큰길 위쪽으로 올라가니
영업하고 있는 주점이 나왔다. 식사를 주문하고 옆자리를 보니 고기
안주가 있어 써비스 안주인가 싶어 우리도 좀 달라고 했더니 갖다주

버스에서 촬영한 팜플로나역(버스 유리창 색으로 사진이 흐림)

었다. 식사 후, 계산할 때 보니 그것도 식대에 포함되어 있다. 쇠고기, 생선, 하몽 외에 추가로 주문한 고기까지 배불리 먹고 호스텔로 돌아왔다.

도착할 시간이 지났는데 그때까지 운영자와 승호 씨, 길짱이 오지 않았다. 그들은 도착 예정 시각보다 훨씬 늦은 11시쯤 왔다. 그들은 오는 도중에 식사를 했다고 한다. 운영자는 우리에게 식사하라는 전화도 하지 않고, 함께 오는 일행과 식사하고 온 것이다. 만약 운영자가 도착한 뒤에 식사하려 했다면 배가 고파 고생할 뻔했다. 운영자가 고객인 우리를 그렇게 챙기지 않아 화가 났지만 너무 졸려서 자리에 누워 눈을 감았다. 어제 잠을 거의 이루지 못했고, 시차 극복이 안 돼 자세한 이야기를 나눌 겨를이 없었다.

산기슭에서 내려다본 생장피에드포르

자전거 타고 산티아고로

라이딩

산티아고 순례길의 이동경로 라이딩 기간 :

2022년 10월 13일~ 10월 22일(10일) 거리:km

10월 날짜	자전거 주행일	출발	도착	비고	이동 거리
10		인천(18시)		아부다비에서 환승	
11		아부다비	바르셀로나	바르셀로나 시내 투어	
12		바르셀로나	팜플로나에서 생장피에드포르로	기차와 승합차로 이동	
13	1	생장피에드포르	팜플로나	자전거 주행 시작, 이바네타 고개 넘기	78
14	2	팜플로나	로그로뇨	아름다운 푸엔테라레이나 다리 통과	98
15	3	로그로뇨	산후안데오르테가	길짱의 카메라 분실	106
16	4	산후안데오르테가	프로미스타	멜가르데페르나멘탈로 잘못 가 승합차로 이동	97
17	5	프로미스타	레온	비가 내려 대부분 차로 이동, 밤에 우박 내림	94
18	6	레온	아스토르가	순례자박물관 관람, 세탁과 휴식	40
19	7	아스토르가	폰페라다	비가 내려 차로 이동, 철십자가 통과	89
20	8	폰페라다	트리아카스텔라	비가 내려 힘든 주행	74
21	9	트리아카스텔라	팔라스데레이	순례객이 많아짐	86
22	10	팔라스데레이	산티아고콤포스텔라	정오에 산티아고 대성당 도착	68
23		산티아고콤포스텔라	마드리드	마드리드 시내 관광	
24		마드리드	아부다비 환승 인천	※ 이동 거리 합계 →	830

※ 길을 잃거나 비가 내려 일부 구간 자동차로 점프(이동)

제8장

생장에서 피레네산맥을 넘어 팜플로나까지

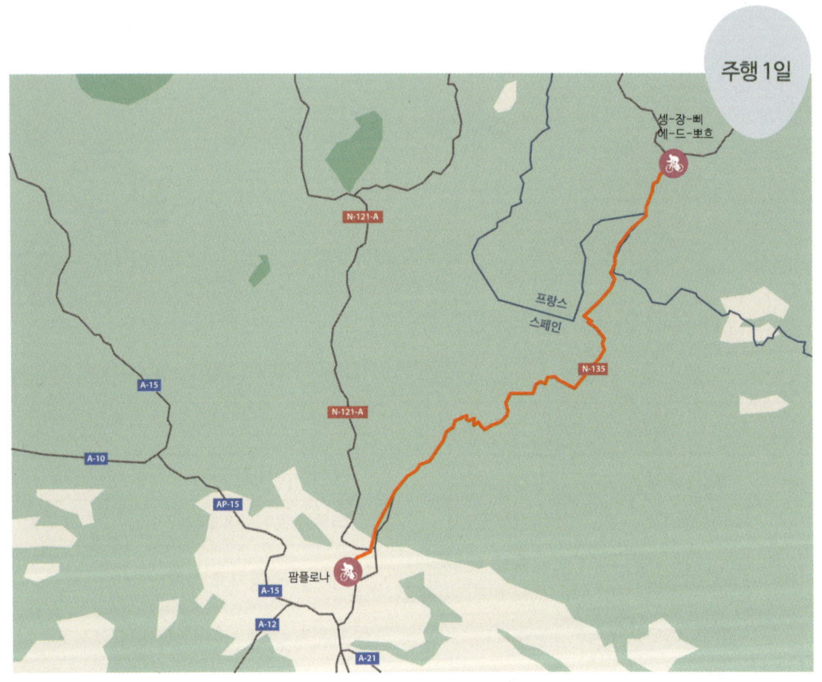

프랑스 생장➔ 스페인 론세스바예스➔ 수비리➔ 아레➔ 팜플로나 : 78km 이동

아침 6시에 일어나 호스텔 관리인이 어제 알려준 빵, 계란, 과일, 음료를 냉장고에서 꺼내 먹었다. 호스텔의 주인이나 종업원이 호스텔에서 자지 않고 아침에 출근하기 때문에 관리인이 없어 투숙객들은 각기 배정된 음식을 스스로 찾아 먹어야 했다. 자전거와 짐을 챙겨 들고 8시쯤 호스텔을 나왔는데 아직도 밖은 어두웠다. 썸머 타임 때문인지

한국보다 해가 1시간 이상 늦게 뜨고 1시간 이상 늦게 졌다.

순례자 사무소에 가니 3명의 사무원이 전등을 켜고 앉아서 여행자들에게 차례대로 안내해 주었다. 우리도 여권을 보여주며 사무원의 질문에 응답하고 순례자 카드인 크레덴시알[14]을 받았다. 병풍처럼 접는 종이 카드였는데, 카드에 이름을 적고 순례지의 업소에서 스탬프를 찍을 수 있도록 앞뒤에 칸이 그려져 있다. 사무원들은 몇 가지를 질문하고 생장의 약도와 산티아고까지의 순례길 코스가 있는 안내문을 주었다.

사무소를 나와 승합차에서 자전거를 꺼내고, 800km 대장정의 출발을 기념하는 사진을 촬영했다. 오늘은 생장에서 포장도로인 발카를로스 길로 이바네타 고개를 넘어 론세스바예스를 지나 팜플로나까지 갈 예정이다. 도보 순례자들은 경관이 나은 나폴레옹 길로 걸어가지만 우리는 자전거로 가기 때문에 일반도로인 D933번 포장도로로 달렸다. 에스코트하는 승합차가 앞에 가고 뒤를 이어 첫번째가 길짱, 기량이 부족한 필자가 2번, 3번이 승호 씨, 맨 뒤에는 해외 경험이 많고 기량이 좋은 석교 씨가 달리기로 순서를 정하고 출발했다.

주행 목표 지점은 생장에서 약 68km 거리에 있는 팜플로나다. 9시쯤 생장을 출발하여 D933 도로로 약 30분쯤 달리니 프랑스에서 스페인으로 넘어가는 조그만 국경의 다리가 나왔다. 계곡의 하천을 지나가는 작은 다리다.

우리나라 남북한의 국경은 철조망으로 접근조차 어려운데 여기에

---

14. 순례자 여권(카드).

서는 국경으로 볼 수 있는 표지판조차 보이지 않았다. 지도상으로는 개울의 중간에 국경선이 그어져 있지만 실제로는 국경으로 여길 표지가 없다. 다만 지도에 프랑스 D933 길에서 스페인 N-135번 도로로 바뀌는 표시만 있을 뿐이다. 주변의 사진을 촬영하고 산기슭으로 가서 용변도 해결하고 스페인령인 N-135번 길로 달렸다. 이 산티아고 자전거 순례길에는 공중화장실이 거의 없다.

다리를 건너 약간 오르는 경사로를 2km쯤 달려가니, 1자의 철 기둥에 철판을 잘라 순례자상을 만들어 붙인 조형물이 나왔다. 산티아고 여행 사진에서 종종 볼 수 있는 철판 순례자상이다. 조금 더 달려가니 산기슭이 나왔다. 오른쪽의 가파른 경사지에서 하얀 양들이 평화롭게 풀을 뜯고 있다. 드디어 도회지를 벗어나 목가적 풍경을 볼 수 있는 시골에 온 것이다. 그 호젓한 길, 완만한 오르막을 오르는데 뒤에서 따라오던 석교 씨와 승호 씨가 앞질러 갔다. 오르막을 천천히 오르면 더 힘들다고 속도를 높여 나를 추월했다. 시간이 지날수록 그들과 거리가 점점 멀어졌다. 그러나, 그런 걱정을 할 만하면 앞서간 일행들이 적당한 곳에서 기다려주었다.

출발해서 약 20km 지점, 길옆에 운영자가 승합차를 세우고 기다리고 있었다. 그는 승합차를 몰고 앞서가다가 갈림길이나 차량을 주차할 만한 공간이 나오면 주차하고 물과 과일, 간식을 제공해 주었다. 한낮이 되니 기온이 높아져 점퍼를 벗었다. 승호 씨가 내 자전거의 안장이 높다고 하여 조금 낮추었다.

승합차의 에스코트를 받으며 완만한 오르막을 지그재그로 오르는데 고개의 정상이 가까워졌는지 경사가 조금 가팔라졌다. 피레네산맥

생장피에드포르에서 출발 기념

생장의 상가

프랑스와 스페인의 국경

(왼쪽 표지는 프랑스어, 오른쪽의 표지는 스페인어)

의 고개 정상에 오른 일행이 보여 안도감이 들었다. 잠시 후, 드디어 고도 1,040m의 이바네타 고개에 올라선 것이다. 이번 여행 중에 가장 힘든 고갯길에 올라왔다는 성취감과 앞으로의 자전거 주행에 대한 자신감을 가지게 되었다, 이 고개와 비슷한 높이의 지리산 성삼재(1,068m)를 오르는 것보다는 덜 힘든 것 같았다.

이바네타 고개의 왼쪽 언덕으로 자전거를 끌고 잠시 올라가니 A 자 모양의 조그만 성당이 있다. 이 높은 곳에 삼각형 지붕으로 단아하게 서 있는 모양이 매우 인상적이다. 여기에 이 구세주 경당을 만든 것은 11세기였다는데 지금의 건물과 종탑, 십자가는 1965년에 만든 거

란다. 그 예배당 옆에 널찍한 주차장이 있다. 주차장 위에 순례자들을 위한 1.5m 크기의 순례자 기념비(碑)가 있어 자전거를 끌고 올라가 내려오며 사진을 촬영했다. 주차장 건너편 앞산에 단풍이 들어 경치가 좋다. 혼자서 오토바이를 타고 온 서양 남자가 사진 촬영을 부탁해, 나도 "me too"로 응답, 서로 촬영해 주었다.

이 고개의 좌우에는 높은 산봉우리가 있다. 도보 여행자들은 우측 산의 비포장 길에서 내려와 이 고갯길을 지나 론세스바예스로 내려간다. 자전거는 계속 N-135번의 포장된 자동차 길로 내려간다. 이 고개에 올라오는 동안 일행들보다 조금 늦게 올라왔기에 앞서 내려가는

프랑스 생장에서 스페인으로 진입하여 30분쯤 뒤에 나타난 목가적 풍경

게 좋을 것 같아 먼저 출발했다. 내리막으로 신나게 내려가는데 바로 뒤에서 따라오던 길짱이 보이지 않았다. 잘못 내려온 것 같아 1km를 되돌아 힘겹게 오르막을 올라가니 일행들은 식당 앞 야외 피크닉 테이블에 앉아 있다. 그들은 되돌아 온 나를 다행스럽게 여기거나 반갑게 대하지 않았다. 길짱은 앞서간 나를 왜 따라오지 않았고, 운영자는 차를 타고 내게 달려오지 않았을까? 내가 가다가 돌아오리라고 예상했을까? 궁금했지만 이유는 물어보지 않았다.

일행들은 이 레스토랑[15]의 야외 테이블에서 점심을 먹기 위해 음식을 주문해 놓고 기다리는 중이었다. 아마, 이바네타 고개에서 출발할 때, 내려가다가 나오는 이 식당에서 점심을 먹기로 이야길 나누었던가 보다. 그런데 나는 그걸 인지하지 못하여 혼자서 내려간 것이다. 이 식당에서 빵과 맥주로 점심을 먹었다. 이곳은 생장에서 출발한 도보 순례자들이 약 25km를 걸어와 처음으로 숙박하는 론세스바에스다. 북쪽으로 산이 가로막고 있어 정오의 햇볕이 잘 드는 조용하고 아늑한 쉼터다.

점심을 먹고 출발하여 약 3km쯤 내려가니 조그만 마을, 부르게테가 나왔다. 길가에 줄지어 있는 민가 옆에 조그만 교회가 있다. 수비리와 아레를 지나 팜플로나 시내에 진입하니 차도에 차량이 많아 차도 옆의 인도로 올라가 달렸다. 길짱이 길을 찾지 못하여 운영자와 통화한 후, 팜플로나 대성당의 방향을 탐색하며 달렸다. 길에서 우측으로 가다 보니 조그만 메디아 루나공원(Media Luna Park)이 나왔다. 길가에 우

---

15. Casa Sabina Roncesvalles.

이바네타 고갯길(정상)의 예배당과 십자가

이바네타 고개의 순례자비

이바네타 고개 아래의 론세스바에스 레스토랑

론세스바에스 레스토랑 앞 풍경

람하게 줄지어 선 플라타너스의 풍경이 아름다워, 사진을 촬영하고 가자니 석교 씨가 그럴 여유가 없다고 멈추지 않고 달려가 그대로 따라갔다. 그러나, 500 미터쯤 달려가니 계곡이 나와 길이 막혔다.

공원 아래는 깊은 계곡이다. 지도를 보니 아르가강이다. 아래로 내려가는 엘리베이터도 있지만 자전거로는 진입할 수 없다. 교복을 입은 중학생들에게 길을 물었다. 다행히 그중 한 학생이 영어를 이해하고 길을 알려주었다. 그 학생의 설명을 듣고 왼쪽으로 돌아 시내로 들어가는 길로 갔다. 주택이 밀집된 골목을 나오니 팜플로나 시청사가 나왔다. 단체로 관광 온 유럽인들이 청사 앞에서 사진을 촬영했다. 청사 앞은 조그만 광장[16]이었는데 노상에 식탁과 의자가 가득하다. 길짱이 운영자에게 전화를 걸어 우리가 도착했다고 알려주었다.

자전거 미터기를 보니 프랑스 생장에서 이 팜플로나 광장까지 달려온 거리가 78km였다. 도착 시각은 17시 30분. 휴식 시간을 포함하여 약 8 시간쯤 달렸나 보다. 생장에서 산티아고까지는 약 800km인데 열흘에 주파할 계획이므로 하루 주행 거리로 평균 80km를 달리면 된다. 그러니 적당한 거리를 달려온 셈이다. 자전거 주행 첫날이라서 그런지 높은 피레네 고개를 넘어왔는데도 그다지 피곤하지 않았다.

운영자를 기다리며 광장을 살펴보았다. 광장에는 노상 카페의 테이블과 의자가 놓여 있고 몇몇 사람들이 의자에 앉아 있다. 그림을 그리는 화가도 있다. 길짱이 전화한 20분 뒤에 운영자가 왔다. 그가 차로 먼저 갔으니까 일찍 와, 우리를 기다려줄 것으로 기대했는데 늦게 나

---

16. Plaza Consistorial.

타나더니 오히려 우리가 늦게 왔다고 핀잔했다. 운영자가 중간에 에스코트를 하지 않아 우리가 길을 어렵게 찾아왔는데 반가움이나 미안함을 표현하지 않고 우리에게 따라오라며 앞장서서 알베르게로 안내했다. 나중에 사정을 알게 되었는데, 알베르게는 순례자가 도착한 순서대로 침대를 배정하기 때문에 누군가가 먼저 가서 자리를 맡아 놓아야 한다는 것이다. 그래서 운영자가 먼저 가서 숙소를 예약해 놓았나 보다.

그는 알베르게[17]의 프론트에서 이용료를 계산하고 침대의 시트를 받아 배부해 주었다. 덮고 잘 담요도 달라고 말하자 다시 추가로 주문하여 나누어 주었다. 우리는 침구를 받아 각자의 침대를 찾아가 매트리스에 시트를 씌웠다. 건물 안의 실내는 창고처럼 큰 공간이었는데 침대를 위아래 2층으로 얹어 놓았다. 배치된 침대를 세어보니 28개다. 남자와 여자의 공간이 양쪽으로 나뉘어져 있다. 그러나, 부부나 남녀가 함께 온 경우에는 옆에 배정해 주었다. 1층 침대는 석교 씨가, 나는 그 위의 2층 침대를 썼다. 침대에 가방을 놓고 공동 샤워장으로 가서 몸을 씻었다. 석교 씨는 양말을 빨아 침대 가장자리에 널었다. 깔끔하고 노련하며 동작이 빠르다.

7시에 일행들과 저녁을 먹기 위해 밖으로 나왔다. 지갑과 여권을 가지고 나오려 했는데 일행들이 알베르게를 빠져나가 지갑을 찾지 못하고 나왔다. 아까 기다리던 시청 광장 가까이 가니, 어느 잡화점의 간판에 소와 사람들이 거리를 달리는 사진이 있다. 이 팜플로나시에서

---

17. 팜플로나시의 예수 앤 메리 알베르게(Jesus y Maria Albergue).

팜플로나 시청사

팜플로나 시청사 앞 광장

팜플로나 가스띠유광장에서 본 노을

팜플로나 의류점 간판의 소몰이 장면

매년 개최하는 소몰이 축제인 산 페르만(San Fermin)[18] 장면이다. 어느 해의 축제 때에는 소들이 사람을 들이받아 일대 소동이 벌어져 세계의 뉴스가 된 적도 있다. 그때의 뉴스를 승호 씨와 석교 씨는 알고 있었다. 그 간판도 기념할 일인지 일행들은 그 간판을 배경으로 사진을 촬영했다.

음식점 골목으로 들어가니 아코디언 소리와 북소리가 꽤 크게 나서 주변을 살펴보았다. 한 남자가 가슴에는 아코디언을, 입으로는 하모니카를, 등에는 작은북과 심벌즈를 메고 여러 악기를 동시에 연주하며 이동하는 버스킹 모습이었다. 그는 북을 등에 메고 가슴 앞에 있는 아코디언을 연주하며 골목길을 걸어왔다. 등에 멘 북은 발에 묶은 끈으로 걸어가며 쳤고, 또 한 발로는 어깨 위에 메단 심벌즈를 연주했다. 입으로는 하모니카를 불고, 손으로는 가슴 앞에 멘 아코디언을 유창하게 연주했다. 4~5가지 악기를 걸어가며 연주하는 1인 다역의 종합 연주자다. 지나가던 사람들이 그 기이한 연주자의 가슴에 걸려있는 모자에 돈을 넣어 주었다.

일행을 따라 식당에 들어가 자리에 앉았는데 여권과 지갑을 찾지 못하고 나와 마음이 불안했다. 일행에게 알베르게에 잠시 다녀오겠다고 말하고 식당에서 나와 1km 정도 떨어진 골목길을 꺾어 돌며 10분 정도 걸어가 알베르게에 들어갔다. 침대 위에 놓은 배낭을 뒤져보니 다행히 지갑과 여권이 있다. 알베르게에 여권과 지갑을 두고 오면 여러 사람이 머무는 곳이어서 잃어버릴지도 몰라 걱정이 되었기 때문

---

18. 팜플로나에서 개최되는 400년 전통의 소몰이 축제, 소몰이 행사가 끝나면 투우도 있어 세계의 관광객들이 몰려오는 스페인의 대표적인 축제.

가스띠요광장의 레스토랑

가스띠요광장에서 버스킹하는 다중 악기 연주자

이다.

　다녀오는 사이, 일행들은 골목 식당에서 나와 가스띠요광장 옆 노상 카페에서 음식을 주문해 놓고 기다리고 있다. 식탁에는 감자튀김, 야채샐러드, 빠에야와 와인이 놓여 있다. 저녁 노을이 서쪽 하늘에 발갛게 번져 있는데 빛깔이 아주 곱다. 공기가 맑아 노을의 색깔이 화사한가 보다. 아까 골목에서 보았던 1인 연주자가 다시 나타나 걸어가면서 연주하자 아이들은 그의 주변을 맴돌며 몸을 흔들고 깔깔거리며 춤을 추었다. 지나가던 아이들이 모자에 동전을 넣어 주었다. 그 연주자는 신명이 났는지 한 자리에 잠시 머물며 현란하게 연주했다.

밤바람이 좀 차갑다고 여겼더니 식당의 종업원이 가스 불을 켰다. 불기둥이 긴 유리 기둥 속에서 밝은 빛을 내자 온기가 느껴졌다. 음식과 맥주, 와인을 마시고 숙소로 돌아와 2층의 침대에서 일기를 썼다. 잠시 후, 아래 침대에 누운 석교 씨가 잠을 잔다고 불을 꺼달라 하여 일기장을 덮고 잠을 청했다. 여행 중 하루 이틀만 알베르게에서 자고 주로 호텔을 이용한다고 운영자가 여행 오기 전에 말했는데 어찌 된 일인지 이 도심지에서 호스텔도 아닌 알베르게에 숙소를 정했다. 아마 6명 이상을 데리고 와야 수익을 기대할 수 있는데 4명만 데리고 와, 지출을 줄이려고 그런 것 같다.

새벽 2시쯤 오줌이 마려워 화장실에 가려고 출입문을 당겼으나 열리지 않았다. 문의 손잡이를 잡고 여러 번 밀어도, 당겨도 미닫이문이 영 열리지 않았다. 투숙객들이 모두 잠들고 깬 사람이 한 명도 없어 물어볼 수도 없었다. 알베르게에서는 투숙객들의 외출을 제한하기 위해 늦은 밤에는 문을 잠근다는 걸 책에서 보았다. 아마 자정이 넘어 알베르게 관리인이 문을 잠근 것 같았다. 출입구의 안내실에 가보니 불이 꺼져 있고 아무도 없다. 점점 참기 힘들어 한쪽 구석에 있는 쓰레기통을 살피니 비닐봉지가 있다. 바람이 새는지 확인하니 새지 않아 비닐봉지에 소변을 보고 묶어서 쓰레기통에 버렸다. 왜 야간에 화장실을 자유롭게 이용할 수 있도록 해놓지 않았을까? 아침에 알게 되었는데 내가 문을 여는 방법을 몰라 열지 못했던가 보다. 문의 손잡이를 90도 정확히 돌리고 우측으로 당겨야 하는데 손잡이를 제대로 돌리지 않아 안 열렸던가 보다.

이 알베르게에서 1~2분 거리에 팜플로나 대성당이 있고, 거기에 카

를로스 3세의 무덤과 다양한 유물이 있어 많은 관람객들이 들렀다 간
다는데, 우리는 그런 사실을 알지 못했고, 오로지 산티아고로 달려가
야 한다는 생각만으로 주변을 살펴볼 관심이 없었다.

순례자 숙소 알베르게 표지

순례자 공동으로 사용하는 알베르게 주방

알베르게 침대

주행 첫날 묵었던 팜플로나의 공립 알베르게 현관

제9장 푸엔테라레이나와 로스아르코스 지나 로그로뇨로

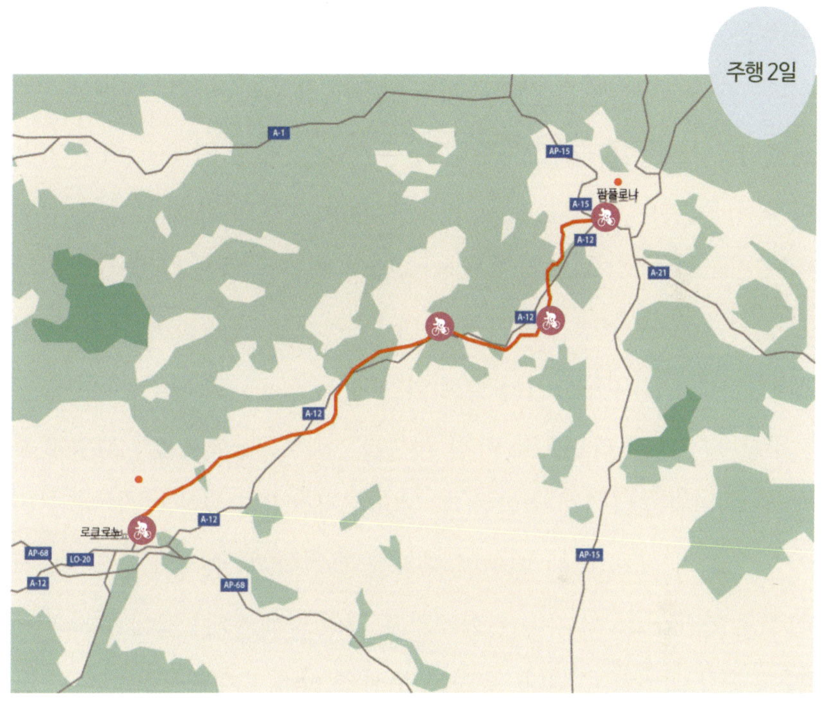

팜플로나 → 푸엔테라레이나 → 에스테야 → 비아나 → 로그로뇨 : 98km 이동

　아침 식사하러 2층 주방으로 올라가려고 실내의 출입문으로 가니 화장실로 나가는 문이 열려 있다. 새벽에 열지 못했던 문이다. 문을 잡고 닫았다가 손잡이를 90° 돌리고 여니 잘 열렸다.

　2층으로 올라가니 음식물을 조리하여 먹을 수 있는 주방과 테이블이 있다. 투숙객들이 공동으로 이용하는 조리실로서 싱크대와 인덕

션, 전자레인지가 있다. 각자 음식을 만들고, 그릇을 닦고, 테이블에서 음식을 먹을 수 있는 구조다. 길짱은 어젯밤 컴퓨터실에서 인터넷을 했다고 한다. 침실의 뒤쪽에 있다는데 그걸 몰라서 이용하지 못했다. 그걸 알았더라면 이메일도 검색하고 일기도 썼을 텐데, 그런 공간이 있는지 몰라 불을 끄고 한 시간쯤 잠을 못 이루어 상당히 고통스러웠다. 운영자와 길짱은 알베르게의 이용에 대해서 자세히 설명해주지 않았다. 컴퓨터실, 주방, 화장실 등의 이용에 관한 안내도 해주지 않아 불편을 겪은 것이다. 관광 명소에 대한 소개도 하지 않았고, 당일 어느 길로 어디까지 갈 것인지, 어디에서 점심을 먹을 건지 예고도 하지 않아 길짱과 일행을 따라만 갔다. 운영자도 잘 몰라서 그럴 수 있겠지만 미리 알려주는 일이 별로 없었다.

주방에서 빵과 라면으로 아침 식사를 간단히 때우고 8시 20분에 출발했다. 팜플로나에서 출발한 후, 21km 지점의 조용한 마을[19]에 있는 작은 교회 앞에서 잠시 머물며 사진을 촬영했다. 평지의 곧은 길, 시골길로 약 5km를 더 가니 원형교차로 옆의 알베르게[20] 앞에 우리의 지원 차량이 대기하고 있다. 우리는 주행을 멈추고 쉬면서 바나나와 음료수를 먹었다. 벤치 등 휴게 공간이 있어 그 공간에서 잠시 쉬었다. 옆에 재활용품 분리수거함이 네 개가 있는데 종이, 프라스틱, 철제, 음식물 등을 분리하여 버리도록 해놓았다. 깨끗하게 잘 관리되어 있다. 시골인데도 이렇게 깨끗하다니 이런 모습이 선진국의 한 단면일까?

19. Navarra주 Burguete.
20. Albergue Padres Reparadores.

푸엔테라레이나의 아름다운 재활용품 분리 수거함

마을 쪽으로 오래된 예배당[21]이 있는데 둥근 지붕의 종각에 종이 매달려 있다. 오래된 건물들, 유서 깊은 마을 같다. 종루에서는 마을에 평화를 내려 주듯 종소리가 울려 퍼질 것이다. 50년 전의 우리나라에도 웬만한 마을에는 이런 종루와 종각이 있었다. 그런데 지금은 거의 없어졌다. 왜 모두 없애버렸을까? 아쉬운 일이다. 교회의 종소리조차 소음으로 여겼기 때문일 것이다. 우리의 메마른 정서가 안타깝다.

N-1110 도로로 마을을 빠져나갈 무렵 다리가 나왔다. 앞서가던 길짱이 잠시 멈추고 아래의 건너편에 있는 다리를 보라고 했다. 무지개처럼 반원형 아치 형태로 돌을 쌓아 만든 푸엔테라레이나 다리였다.

---

21. Iglesia del Crucifijo.

맑은 아르가강 강물에 하늘이 비치고 주변 나무들과 어울려 시골 마을의 정취가 그윽하다. 길이가 110m, 폭이 4m인 이 다리는 에스파냐가 분할되어 있던 시절, 나바라 왕에 의해 11세기에 순례자들을 위해 만들었다고 한다. 순례자들이 아르가강을 안전하게 건널 수 있도록 여섯 개의 아치로 세운 로마네스크 양식의 홍예교[22]다. 돌을 쌓아 양쪽의 강둑에 걸쳐놓은 듯한 완만한 곡선으로, 우아하고 견고해 보이는 이 다리는 산티아고 까미노에서 가장 아름다운 다리라는 찬사를 듣는다. 푸엔테라레이나는 스페인어로 '기품 있는 왕비의 다리'라는 뜻인데 마을 이름도 푸엔테라레이나다.

N-1110 길을 달려가는데 오르막이 나와 속도를 못 내자 승호 씨와 석교 씨가 앞질러 갔다. 나는 일행과 좀 떨어졌지만 무리하지 않으려고 내 페이스대로 달렸다. 고개의 정상에 다다르니 일행들이 길가의 나무 그늘에서 기다리고 있다. 주변을 보니 속새가 1m 이상 자라, 한국에서 보던 것들보다 훨씬 키가 컸다. 따뜻한 나라라 속새도 잘 자라나 보다. 잠시 쉬다가 일행들보다 먼저 내려갔다. 그런데도 또 일행들에게 뒤떨어져 1km 이상 뒤처져 갔다. 산기슭 길을 가다 잠시 정원이 잘 조성되어 있는 삼거리에서 쉬었다.

잠시 쉬었다가 에스테야(Estella)를 지나 오르막을 오르다 보니 마켓이 나왔다. Alcampo 간판의 대형 마켓에 간이 식당이 있어 들어가 햄버거로 점심을 먹었다. 식탁에 있는 냅킨통이 특이했다. 휴지를 양쪽으로 뺄 수 있게 되어 있다.

---

22. 교량 밑이 무지개처럼 반원형(arch)인 다리.

나바라주 부르게테에 있는 알베르게

알베르게 옆에 있는 예배당의 종각

하늘이 강물에 비친 푸엔테라레이나 다리

대나무처럼 자란 속새

일행들이 할인마켓을 다녀오는 동안 자전거 핸들을 낮추었다. 승호 씨가 핸들이 높다고 알려주어 조정했다. 자전거의 프레임 길이가 내 체형에 비해 조금 짧다는 것이다. 그래서 핸들 잡는 팔을 곧게 뻗을 수 없었나 보다. 그가 자전거 주행 요령에 대해서도 자세히 코치를 해 주어 고마웠다. 나에게 자전거를 판 장사꾼이 내게 맞지 않는 프레임 인데도 팔아먹은 게 아닌가 의혹이 갔다.

소도시 로스아르코스 시내로 들어가다 교회나 성당처럼 잘 지은 건물의 담장 옆에서 잠시 쉬었다. 긴 벽돌 담장과 건물이 산뜻하다. 매우 특별하다 싶어 사진을 촬영하며 주의 깊게 살펴보니 교회가 아니었다. 어떤 건물인지 판별이 안 되어 인터넷에서 찾아보니 영안실이

Alcampo 슈퍼마켓

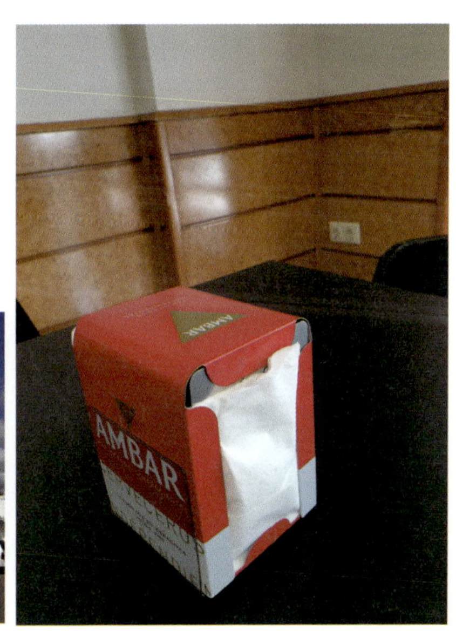

양쪽에서 휴지를 빼 쓸 수 있는 냅킨통

있는 이자라장례식장(Tanatorio Izarra / Los Arcos)이다.

이곳에서 출발하여 마을을 벗어나는데 길을 잘못 들어 N-1120번 도로로 달리다가 터널 입구에서 뒤로 후진하여 우측의 N-1110번 도로로 달려 산솔과 비아나를 지났다. 앞서간 일행들이 산을 돌아가 보이지 않았지만 무리하지 않기 위해 내 속도대로 혼자서 달렸다. 산기슭에서 우측의 넓은 들판을 보니 아득히 먼 산의 능선이 장성(長城)처럼 가로로 늘어져 넓은 들판을 감싸고 있다. 그 들판에 사람이나 집들이 거의 보이지 않아 진공처럼 한적했다.

산에서 조금 내려가니 일행들은 커다란 마로니에 나무 아래의 노점상에서 캔맥주를 마시고 있다. 장사하는 두 사람이 부부로 보이는데, 남자가 큰 소리로 "코리아"를 외쳤다. 장사꾼의 호객을 위한 과장된 친절이지만 외국에 있는 우리에게는 반가운 인사다. 그렇게 친절을 가장(假裝)해서 음료수를 파는 것도 상술일 것이다. 이곳에서 시원한

나바라주의 로스아르코스(Los Arcos, Navarra)의 넓은 들

맥주를 한 캔 마시고 출발했다. 잠시 더 달려 에브르 강변을 지나 로그로뇨 시내에 들어갔다.

호스텔이 2층이어서 자전거를 들고 계단으로 올라가 로비에 두었다. 짐은 방에 놓고 거리로 나와 뒷골목의 광장에 있는 노상 식당에 자리를 잡았다. 오후 6시 30분. 스페인은 8시나 되어야 저녁이 된다. 시간이 조금 지나자 이 노상 식당에 무려 50명이 님는 사람들이 모였다. 빵을 와인과 함께 먹었다.

호스텔로 돌아오는 길에 과일을 사려고 주위를 살폈으나 과일가게가 눈에 띄지 않았다. 광장을 지나는데 광장에서 여러 쌍의 남녀가 손을 잡고 춤추고 있다. 중년의 남녀들이 가로등 불빛 아래에서 춤을 추는 모습이 매우 경쾌하고 즐거워 보였다. 유튜브에서 본 것 같은 장면이다. 좀 더 지켜보고 싶었지만 일행들이 별 관심 없이 지나치기에 아쉽지만 일행을 따라 호스텔로 들어왔다. 개인소득은 우리보다 높지 않지만 스페인 사람들이 더 여유롭게 사는 것 같다.

　호스텔 방으로 들어와 입었던 옷, 양말, 모자 등의 빨래를 비닐봉투에 담아 호스텔 종업원에게 주었다. 종업원이 내일 새벽 5시까지 세탁하여 건조시켜 주겠단다. 일행이 우리 방에 모여 30분쯤 이야기를 나누다 갔다. 룸메이트인 길짱이 샤워하고 나오더니, 세면실 샤워기의 개폐기가 망가져 샤워기로 물을 쓰지 못해 욕조에 물을 받아 그 안에 들어가 몸을 씻었다고 했다. 호스텔 종업원을 불러 상황을 알려주었더니, '알았다' 하고 가더니 다시 오지 않았다. 나도 할 수 없이 욕조에 물을 받아놓고 그 안에 들어가 몸을 씻었다. 나중에 승호 씨가 와서 손잡이가 없지만 콕크를 잡아 올리자 샤워기에서 물이 나왔다. 다음날 우리가 퇴실할 때까지도 호스텔에서는 아무런 조치를 해주지 않았다.

　룸메이트에게 불편을 주지 않기 위해, 화장실에서 글을 좀 쓸 테니 화장실을 이용하려면 노크하라고 한 후, 휴대폰과 일기장을 가지고 화장실에 들어갔다. 길짱은 바로 잠이 들었다. 나는 어느 문학상의 시상식 추진 문제, 문학비 건립 문제로 와이파이를 이용하여 통화하고 일기를 쓰느라 2시간 이상이나 화장실에서 머물렀다. 피곤하지만 메모를 보며 일기를 쓰다가 새벽 2시에 눈을 붙였다. 남이 하지 않는 일을 하기 위해서는 그만한 고통을 감내할 수밖에 없다.

이자라장례식장(Tanatorio Izarra | Los Arcos)

로그로뇨 골목길의 노상 카페

로그로뇨 시내의 광장에서 춤추는 주민들

제10장 산토도밍고 지나 산후안데오르테가에

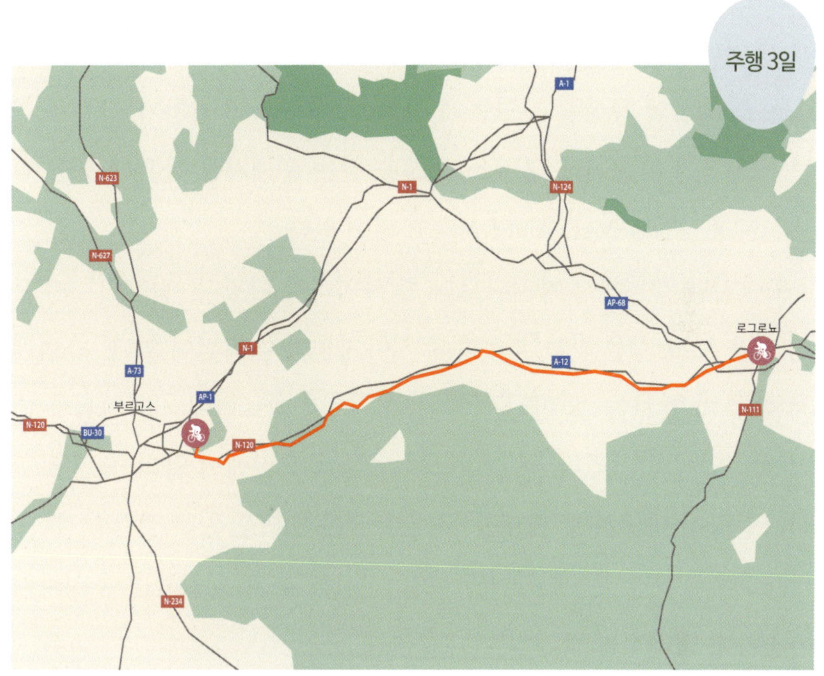

로그로뇨 → 나혜라 → 산토도밍고 → 벨로라도 → 산후안데오르테가 : 106km 이동

　6시에 가장 먼저 일어나 카운터로 가서 우리 일행의 세탁물을 찾아와 짐을 꾸렸다. 7시에 일행들과 아침 식사하러 밖으로 나왔다. 한국의 새벽 4시처럼 거리가 어두워 행인(行人)은 거의 없고 쓰레기 치우는 청소부들만 보였다. 어젯밤에 호텔 종업원이 알려준 식당을 찾아갔는데 문을 열지 않았다. 불이 켜져 있는 식당이 있지만 아직 영업을 시작하지 않아 다시 호텔로 돌아와 라면과 빵으로 아침을 먹고, 로비

에 있는 자판기에서 카푸치노를 빼 마셨다.

시간은 8시이지만 어두워 자전거의 라이트를 켜고 출발했다. 산타마리아데라레돈다 대성당을 지나 골목길에서 빠져나오니 다양성 광장[23]이다. 산미구엘(San Miguel)공원을 지나 도심지를 나오니 도시를 벗어나는 외곽 사거리다. 도심지를 나오다 조그만 광장에 남녀(Marchosos)의 동상을 보았는데 앞의 여자와 뒤의 남자가 힘차게 걷는 역동적인 모습이다. 길(Camino)을 걷는 순례자상 같은데 동상 밑에 'ANGUIANO -VALVANERA'라고 씌어 있다.

도심지의 골목에서 빠져나오니 큰 사거리가 나왔다. 길짱이 휴대폰의 앱을 보고 길을 찾는데 우측에 기아자동차 대리점이 있다. 유럽에서 한국 차를 보는 게 어려운 일이 아니지만 대로변에 기아자동차 대리점이 있어 반가웠다. 우리나라의 차들이 유럽에서 달리는 걸 보면 한국인들이 당당하게 세계를 무대로 살아가고 있음을 실감할 수 있다. 그런데 차만 본 게 아니라 차를 전시해 놓고 영업하는 우리나라 자동차의 대리점을 보게 되어 흐뭇했다.

석교 씨가 오늘은 자동차길보다는 순례자들이 걸어가는 길로 가보자고 제안하여 차도를 벗어나 대각선으로 길을 건너 순례자들이 걷는 비포장 길로 들어갔다. 보도블럭 길을 지나 자전거가 터덜거리는 흙길을 달렸다. 많은 순례자들이 걷고 있어 사람들을 비켜 가려니 속도를 낼 수가 없다. 순례자들이 숙소에서 나오는 시간대라 그런지 많은 사람들이 무리지어 걸었다.

---

23. Plaza Diversidad.

알페레즈광장 옆에 있는 남녀(Marchosos) : 행진의 동상

도보 여행자들은 서두르지 않고 여유롭게 물이 흘러가듯 걸었다. 그 사람들 사이를 자전거로 비켜 가기 위해 "뷰엔 까미노(Buen Camino)" 하고 먼저 인사했다. 자전거가 지나감을 알리고 비켜주기를 바라는 인사였다. 걷는 이들도 불편한 반응을 보이지 않고 길을 비켜주었다. 맞다. 산티아고는 그렇게 여유를 가지고 걸어서 가는 것이 좋을 것 같다.

보행로인 숲길로 가다 그라헤라공원의 작은 호수 옆의 늪을 지나가는데 아름드리 고사목에 말굽버섯이 손바닥보다 크게 자라 있다. 한국에서는 몸에 좋은 약재라고 모두 따갔을 텐데, 여기는 그대로 있다. 석교 씨가 일행에게 말굽버섯이라고 알려주었다. 일행들은 그 버섯의 이름을 아는지 모르는지 아무 반응이 없다.

포도밭을 지나가는데 까맣게 잘 익은 머루포도가 지지대에 매달려 있다. 한 송이 따 먹고 싶었다. 그런데, 포도를 따려면 일행들과 멀어질 염려가 있고 순례객들의 눈총이 두려워 마음을 달랬다. 비포장 산길을 오르려니 힘이 들어 일행과 또 떨어졌다. 혼자 걷는 여자를 앞질러 가는데, "뷰엔 까미노" 하고 그 여자가 먼저 인사를 했다. 반가움에 이야기를 나누고 싶었지만 일행이 먼저 갔기에 답례 인사만 하고 달렸다.

앞서간 일행들은 산기슭 가장자리의 그늘에서 나를 기다리며 쉬고 있다. 나도 자전거에서 내려 잠시 쉬다가 일행들보다 조금 먼저 출발했다. 뒤따라가려면 오르막에서 또 금세 떨어질 것 같기 때문이다. 가다가 왼쪽으로 가는 갈림길이 나와 잠시 멈추어 일행들이 오나 뒤돌아보니 보이지 않았다. 자전거 여행자 세 명이 스쳐 지나갔다. 우리 일행들이 충분히 도착할 시간이 지났는데도 오지 않았다. 조금 전에

한국 도보 여행자 두 팀을 만났던 멘토사(Ventosa)의 AM BAR

내려간 라이더들이 우리 일행일 수 있겠다 싶어 뒤쫓아 달려갔다. 곧게 뻗은 길에서 앞서 내려간 라이더들의 옷을 살펴보니 우리 일행이 아니다. 그래서 20분쯤 달리다 가파른 오르막에서 달려왔던 길을 내려다보니 우리 일행 셋이 뒤에서 달려오는 모습이 보였다. 그들은 다른 라이더의 고장 난 자전거를 손봐주고 오느라 늦었다고 했다.

정오 무렵이라 삼거리[24]에서 점심을 먹으려고 길 왼쪽의 식당에 들어가니 음식이 떨어졌다고 했다. 그래서 조금 더 가다 보면 식당이 나올 거로 믿고 달려갔는데 산티아고 표지판도 보이지 않고, 순례객도 보이지 않았다. 앞서가던 일행들이 마주 오는 자전거 라이더들에게 길을 물었다. 그들은 우리가 잘못 왔다며 따라오라고 했다. 뒤따라가니 아까 들렀던 식당이 있던 삼거리까지 왔다. 거기에서 우측길로 가야 하는데 우리가 식당이 있는 좌측 길로 가는 바람에 3km쯤 갔다가 되돌아온 것이다. 우측길인 LR-341번 길로 1km쯤 내려가니 삼거리에 'AM BAR'라는 간판의 식당(Ventosa, La Rioja)이 나왔다.

이곳에서 한국 여성 3명과 남성 2명을 만났다. 그들은 길을 걷다가 몇 차례 조우(遭遇)했다 한다. 이들은 8일 전에 출발지인 생장에서 출발하여 여기까지 왔다는 것이다. 우리는 자전거로 3일 만에 왔으니 걷는 것보다는 훨씬 빨리 온 것이다. 한국인 남성 2명이 서양 남자 둘과 의자에 앉아서 영어로 이야기를 나누고 있다. 요즘 젊은이들은 영어를 잘 구사한다. 학교에서 영어 공부를 잘 배운 덕택일 것이다. 내가 중고등학교 다닐 때는 문법 위주로 영어를 배워 알파벳은 읽을 수

---

24. La Rioja Sotes.

있지만 회화는 하지 못했다.

그런데 이 식당에는 식재료가 모두 떨어졌다고 하여 골목 안으로 올라가 포도 농장 식당으로 갔다. 이 식당 입구의 테이블에 머루포도처럼 알이 작은 갈색포도가 소쿠리에 가득 담겨 있다. 식당을 이용하는 손님들이 자유롭게 먹도록 놓아둔 것이다. 포도를 먹어보니 매우 달고 맛이 있다. 주행 중 쉴 때 먹으려고 종이컵에 포도 한 송이를 담아 배낭에 넣었다. 여기서 점심을 먹고 내가 먼저 출발했지만 일행들은 금세 나를 앞질러 갔다.

뒤에 처져 혼자 가다가 원형교차로[25]에서 표지판을 잘못 보고 다른 길로 빠졌다. 1km쯤 달렸는데 사람이나 차가 보이지 않았다. 길은 산으로 뻗어 있다. 잘못 온 것 같아 운영자에게 전화를 걸어보니 길을 잘못 들었다는 것이다. 되돌아가 운영자의 차량을 만났다. 운영자는 자신의 차량 앞으로 가라고 하여 차량 앞으로 나아가, 회전 교차로에서 부르고스 방향의 표지판을 보고 그 길로 들어갔다. 그 길로 1km쯤 달려갔는데 오른쪽 길에서 크락션 소리가 계속 울렸다. 돌아보니 운영자가 승합차에서 내려 내게 팔을 위 아래로 흔들어 자기 쪽으로 오라는 표시를 했다.

자전거를 들어 도로의 철망 울타리를 넘겨 내려놓고, 철망을 넘었다. 자전거를 들고 밭을 가로질러 승합차가 있는 곳으로 걸어갔다. 갈아놓은 밭이라 발이 흙에 빠져 자전거를 들고 가려니 상당히 힘들었다. 운영자에게 다가가니, **A** 표지판은 고속도로라는 것이다. 방금 전

---

25. Azofra, 26323,La Rioja 스페인.

에 내가 달린 길은 고속도로였다. 유럽에서는 고속도로 진입로에 톨 게이트가 없고 표지판만 있기 때문에 모르고 고속도로로 들어간 것이다. 운영자가 **A** 표지판에 대해 미리 알려주었다면 일어나지 않을 실수였다. 운영자는 자세하게 설명해 주는 일이 없었다. 설명해 줄 생각을 미처 못할 수도 있다. 그런 정도는 알 거라고 여겼을 수도 있다. 그렇지만 운영자가 차를 타고 앞에서 안내했다면 일어나지 않을 실수였다. 그러나, 내가 일행들과 떨어지지 않고 함께 갔다면 그런 일은 없었을 것이다. 따라가지 못한 내 책임이 더 크다. 다행스런 건 운영자가 내가 가는 걸 지켜보았기 때문에 위험에 처하지 않게 된 것이다. 천만다행이다.

운영자의 차를 따라 산토도밍고[26] 시내로 들어갔다. 운영자는 일행들을 산토도밍고 입구에서 만나기로 했다는데 정확한 장소가 아니어서 만나지 못했다. 운영자는 앞서간 일행들을 찾기 위해 시내 중심 도로에서 좌회전하였으나 주차장이 없자 조그만 공원 길에서 차를 멈춘 후, 나에게 우리 일행을 찾아보라고 했다. 너무나 막막한 상황이지만 일행을 찾는 일이 급선무여서 자전거를 타고 다시 메인도로로 나갔다. 가면서 주변을 샅샅이 둘러보아도 일행들은 오리무중이다.

N-120번 도로에서 부르고스 방향으로 가는데 브라스 밴드 소리가 요란하여 오른쪽을 내려다보니 도로 아래의 공터에서 마을 사람들이 단체로 손을 잡고 춤을 추고 있다. 마을 축제를 하는지 100여 명이 음악에 맞추어 떼춤을 추는 것이다. 50여 명의 브라스 밴드가 음악을 연

---

26. Santo Domingode la Calzada.

순례길의 방향 표지의 가리비 껍질
(어느 방향으로 가라는 표시인가?
빨간 표시가 있는 위쪽으로 가야한다.)

주하고, 주민들이 집단으로 손을 잡고 음악에 맞추어 춤을 추었다. 아주 특별한 광경이어서 잠시 지켜보았다. 그들의 흥겨운 축제를 좀더 지켜보고 싶었으나 일행을 찾아야 하기 때문에 부르고스 방향으로 달려갔다.

승호 씨에게 전화를 걸어 어디에 있느냐고 물었다. 부르고스로 가는 중이라고 했다. 그러면 부르고스 방향으로 갈 테니 기다려 달라고 말하고 이정표를 보고 달려갔다. 운영자가 먼저 간 길짱에게 어디에 있느냐고 전화를 걸었으면 쉽게 찾을 수 있었을 텐데 전화는 안 하고 운전하면서 찾으려니 어려웠던 것이다.

산토도밍고 시내를 벗어나는 오자와강(Oja rio)의 다리가 나왔다. 다리를 건너니 산티아고 가는 보행길 표지(가리비 조개 모양)가 나왔다. 그래서 지나가는 주민에게 순례자 길을 물으니, 오른쪽 둑 밑으로 내려가라고 알려주었다. 그건 들길을 걸어가는 도보 여행자의 길이지 자전거로 가는 길이 아니다. 그래서 다시 길짱에게 전화를 거니, 자신들도 아직 오자와강을 지나가지 않았으니 그 다리에서 기다리라고 했다.

일행을 기다리고 있는데 몇몇 순례객이 다리를 건너와 산티아고 가는 길을 찾느라 두리번거렸다. 둑 아래로 내려가는 길이라 길을 찾기가 쉽지 않은 곳이었다. 길 찾느라 두리번거리는 몇 명의 순례자들에게 길을 알려주고 있는데 서양 여자가 혼자 왔다. 30대 중반쯤의 인상 좋은 여자인데 길을 알려주니 나에게 왜 여기에 서 있느냐고 물었다. 친구들을 기다린다고 했더니 더 이야기를 나누고 싶은지 나에게 계속 질문했다. 그때 마침 우리 일행들이 달려오고 있어 얼른 작별 인사를 했다. 일행들이 도착하지 않았다면 좀더 자세한 이야기를 나눌 수도 있었겠지만 일행이 도착하여 그럴 여유가 없었다. 혼자 걷던 그 여자 는 말벗이 필요했던가 보다.

길짱은 운영자와 통화가 되었다며 이 다리에서 기다리라고 했다 한 다. 그래서, 넷이 기다렸다. 그러나, 운영자가 언제 올지 모르고 혼자 있어도 되니까 다른 세 명에게 먼저 출발하라고 했다. 운영자가 오면 나는 그 승합차를 타고 뒤따라 가면 되기 때문이다. 일행 셋을 보내고 혼자 다리목에 서서 운영자를 기다렸다. 일행이 출발하고 혼자 남아 기다리는데 30분이 넘도록 오지 않아 다리를 건너가 나무 그늘이 있 는 곳에 앉아 기다렸다. 몇 명의 순례자들이 지나가며 "뷰엔 까미노" 하고 의례적인 인사를 했다.

운영자가 금방 올 줄 알았는데 웬일인지 1시간을 기다려도 오지 않 아 운영자에게 전화를 걸었으나 받지 않았다. 10분 간격으로 거듭 전 화해도 받지 않아 무슨 사고가 난 건 아닌지 걱정이 되었다. 너무 걱 정이 되어 먼저 출발한 길짱에게 전화했다. "어찌 운영자가 지금까지 오지 않고 전화도 받지 않지요?" 하고 문의했다. 그러나, 그도 사정을 모르겠다고만 대답했다.

기다리다 보니 배가 출출하여 낮에 포도 농장에서 넣어온 포도 한 송이와 배낭에 넣고 다니던 빵 한 조각을 꺼내 먹었다. 소변이 마려워

운영자를 기다리던 오자와강 다리

한쪽으로 가서 누고 싶은데 운영자의 차가 훌쩍 지나갈까 봐 자리에서 떠날 수가 없었다. 점점 해는 기울어 갔다. 운영자가 딴 길로 가거나 사고로 인하여 오지 못한다면 나는 미아가 될지도 모를 일이다. 지나가는 차들을 유심히 보면서 기다리기 시작한 지 2시간쯤 되었을 때, 드디어 운영자의 승합차가 나타났다.

승합차에 자전거를 싣고 운전석 옆에 앉아, 어떻게 된 일이냐고 물으니 아무런 대답이 없다. 오래 기다리게 해서 미안하다는 말은 없고 자신이 고생하고 왔다는 말로 내 말을 막았다. 왜 전화를 받지 않았느냐고 물으니 전화 요금이 많이 나오기 때문이라고 했다. 그렇게 전화를 받지 않는 무성의한 일이 그 뒤에도 몇 번 있었다. 왜 이렇게 늦었

식당에서 무료로 주는 포도

느냐고 재차 물으니, 길짱의 카메라를 찾으려고 점심을 먹었던 식당까지 가면서 주유소를 세 군데나 들러 화장실을 살폈지만 카메라가 없어 돌아오느라 시간이 많이 걸렸다는 것이다.

그런데 길짱은 운영자가 자신이 잃어버린 카메라를 찾으러 갔다는 말을 왜 안했을까? 그 말만 해주었다면 내가 오자와강의 다리에서 그렇게 걱정하며 초조하게 기다리지 않았을 것이다. 무조건 기다리라는 말만 했기 때문에 혼자 남은 나는 운영자가 두 시간이 지나도록 오지 않아 무슨 사고라도 나서 못 오는가 싶어 걱정했던 것이다.

차를 타고 N-120번길로 30분쯤 달려가니 자전거를 타고 가는 우리 일행들이 보였다. 운영자는 주차할 공간을 찾느라 그들을 지나쳐 1km쯤 더 나아가 길가에 정차하고 달려오는 일행들을 기다렸다. 잠시 후 일행들이 도착하여 차에서 내리니 석교 씨가 차로 지나갈 때 나도 왔다고 말하지 그랬느냐고 했다. 나 혼자 오자와강의 다리에 남았는데 운영자가 만나지 못하고 오는가 해서 걱정했던가 보다.

여기서부터는 나도 자전거를 타고 가려 했더니, 운영자가 이 길은 난이도가 높고, 시간이 늦었으니 그대로 차를 타고 가자고 했다. 그래서 숙박할 시골 마을의 산후안데오르테가까지 갔다. 운영자는 이곳에는 알베르게만 있다고 했다. 그래서 호텔을 찾아보기 위해 마을 안쪽으로 더 가보자고 했다. 4km쯤 더 가며 살펴보았으나 호텔은커녕 호스텔도 없다. 이 여행의 출발 전, 운영자는 산티아고 여행의 준비 모임에서 말하길 하루나 이틀만 알베르게를 이용하고 호텔을 이용하겠다고 했는데 거듭 알베르게나 호스텔로 방을 잡았다. 숙박이나 식사에 저렴한 곳을 찾느라 노력하는 것 같았다. 그래서 우리를 차량으로

산후안데오르테가 공립 알베르게

에스코트하기보다는 저렴한 식당이나 잠잘 곳을 찾기 위해 길 안내를 하지 않고 목적지로 먼저 갔던가 보다.

다시 산후안데로 돌아와서 지방자치단체가 운영하는 공립 알베르게[27]로 들어가 2층의 방 하나를 우리 일행만 쓰기로 예약했다. 방 안에 침대가 12개쯤 있다. 우리 5명이 자면 침대가 많이 남는다. 지금은 순례의 성수기가 아니어서 그럴 것이다. 또, 이 알베르게는 N-120번 도로에서 5km쯤 들어온 한적한 시골 마을이다.

운영자는 다시 일행들을 맞으러 가고, 나는 침대의 매트리스에 시트를 끼우고 짐을 풀었다. 몸을 씻고 물품을 정리했다. 해가 기울어 땅거미가 내려오는 8시쯤 일행들이 자전거를 타고 도착했다. 석교 씨는 오늘의 라이딩이 3일 중에 가장 힘들었다고 했다. 길을 돌아왔는지 이동 거리가 무려 100km가 넘었다는 것이다. 순례자의 도보 길이라 비포장 길이었고, 업힐 도로도 몇 곳이 있어서 힘든 라이딩이었을 것이다. 나는 그들의 절반인 50km만 자전거로 달린 셈이다.

지방도로에서 벗어난 조용한 시골 마을, 선선한 공기가 아주 상쾌했다. 밖으로 나와 피크닉 테이블에서 저녁 식사를 했나. 식사하며 와인을 주문하자 종업원이 덤으로 와인 한 병을 더 주었다. 석교 씨는 서비스로 준 와인이 맛이 없다며 변질된 것 같다고 하였다. 나는 와인을 마셔 본 일이 별로 없어 변질 여부를 모르고 마셨다. 방에 가서 또 위스키를 가져와 와인에 부어 마셨다. 매일 저녁 맥주나 와인, 양주 등을 마시기 때문인지 대변이 자주 마려웠다. 이 알베르게에는 공용

---

27. Albergue Camino de Santovenia. 시립 알베르게

화장실이 두 칸인데 한 칸을 잠그고 한 칸만 개방해 놓았다. 여럿이 사용해야 하기 때문에 맥가이버 칼로 자물쇠를 열어 놓았다.

길짱은 카메라를 잃어버렸기 때문인지 얼굴이 굳어 있고 말이 없다. 렌즈 조절 기능이 있는 디지털카메라였는데, 카메라도 아까운 일이지만 그간 촬영한 사진도 잃었으니 얼마나 마음이 허탈하랴. 그런데 뭐라고 위로의 말을 하기 어려웠다. 생채기를 건드리는 것 같아 아무 말을 하지 못했다. 그 이후에 한두 번 위로의 말을 했지만 카메라를 잃은 아쉬움을 달래주지 못했을 것이다.

알베르게의 침대에서 일행들이 잠을 청할 때, 나는 침대 옆에 앉아 일기를 썼다. 일행들의 수면을 방해하지 않기 위해 담요를 침대 위에서 아래로 내려 손전등의 불빛을 가렸다. 책상이 없어 베개 위에 공책을 얹어 놓고 책상다리로 앉아 일기를 쓰다 보니 힘이 들어, 엎드려 쓰다 앉아 쓰다를 반복했다. 글을 쓰는 일에 어려움이 많다. 그런 고통을 감내하지 않으면 일기를 쓸 수 없다. 일기를 쓰지 않으면 이번 여행기를 쓰지 못할 수 있기 때문에 고통을 감내했다.

제11장

부르고스 대성당을 보고 프로미스타로

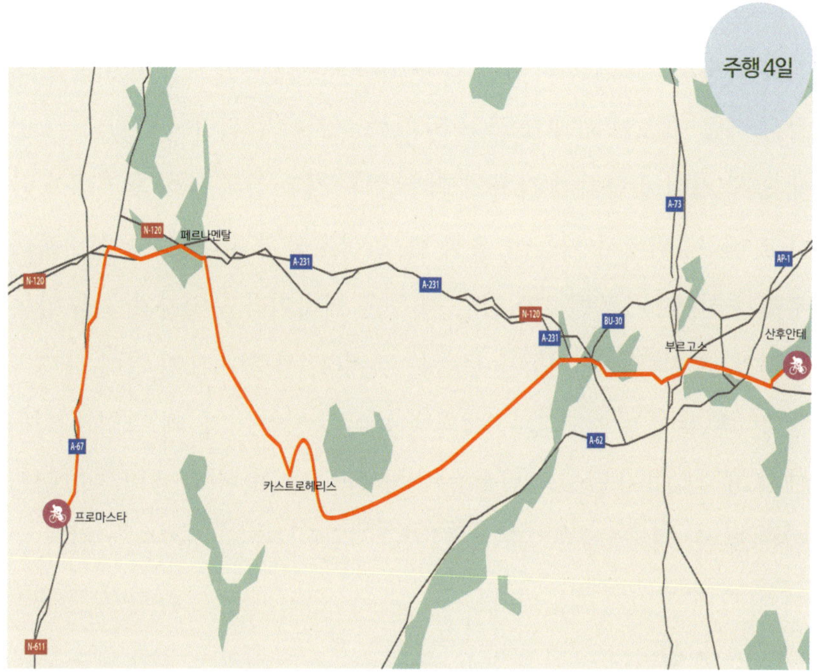

산후안데오르테가 → 부르고스 → 카스트로헤리스 → 페르나멘날 → 프로미스타 : 97km 이동

    오늘은 조금 먼 93km를 달려야 한다고, 일찍 출발하기 위해 6시에 기상, 아침 식사도 거른 채 짐을 챙겨 나오니 주위가 캄캄하다. 7시 40분인데도 그렇다. 자전거 앞에 라이트를 달고 뒤에는 후미등을 켰다. 그런데 라이트는 승호 씨만 가지고 있어, 길짱이 라이트를 자신의 자전거 핸들에 장착하고 맨 앞에서 달렸다. 길짱 뒤로 승호 씨가 달리고 다음이 석교 씨, 후미등을 단 나는 맨 뒤에서 달렸다. 아직도 어두운

새벽이고 시골이라서 차가 거의 다니지 않고, 길이 평지라서 자전거의 속도를 높일 수 있었다. 그러나, 시야가 어두워 일행은 바짝 긴장하여 입을 다문 채 빠른 속도로 달렸다.

길 안내를 위해 승합차가 맨 앞에서 달리고, 자전거는 그 뒤를 따라 길의 가장자리로 조심하며 달렸다. BU-V-7012번 도로를 1km쯤 달려 좁은 마을 길을 벗어나 조금 높은 길에 오르니 갈림길이 나왔다. 그런데 앞에 가던 승합차가 갑자기 멈추었다. 길을 잘못 들어 후진해야 한다고 했다. 뒤에서 차들이 올까 봐 조심조심 후진한 후, 우회전하니 우리가 찾는 N-120번 길이었다. 어두운 새벽이라 운영자가 길을 잘못 들어가, 후진하느라 위험을 무릅쓴 것이다. 차량이 오지 않아 다행이었다. 왜 날이 밝지도 않은 새벽에 굳이 출발하는지, 왜 그렇게 서두르며 라이트까지 달고 출발하는지 이해하기 어려웠다. 출발은 그렇게 일찍 하면서도 주행을 일찍 마치거나, 주행 도중에 시간을 까먹는 일이 여러 번 있었기 때문이다.

1시간쯤 달리니 날이 밝았고, 부르고스 시가지의 입구에 있는 빌라유다(Villayuda)에 당도했다. 길옆 Bar El Moreno에서 빵으로 아침을 먹었다. 부르고스[28]는 레온 왕국의 수도로서 중세의 역사적 가치를 지니고 있는 인구 20만 정도의 유서(遺緒) 깊은 도시다. 식사 후, 시내로 들어가니 돌고래 분수대 광장 한쪽에 비만형의 남녀 동상[29]이 있다.

---

28. Burgos의 뜻은 '튼튼한 마을 방어탑', 과거에 레온 왕국의 수도.1035년부터 1560년까지 카스티야 왕국의 '머리'라고 불렸던(Cabeza de Castilla) 중심지.

29. 스페인 부르고스 시에 있는 「Los Gigantillos de Burgos(로스 히간티요스)」라는 청동 조각상. 전통적인 한 쌍의 남녀를 형상화하여 다양한 인종과 문화를 상징.

부르고스아틀란즈 삼거리의 이정표

부르고스 시내 초입 BAR EL Moreno

부르고스 대성당

로그로뇨의 넓은 들

잠시 후, 웅장한 부르고스 대성당을 살펴보고 사진을 촬영하느라 20분쯤 시간을 보냈다. 이 산타마리아 대성당은 스페인에서 세비야의 히랄다와 톨레도 성당 다음의 세번째로 큰 규모다. 1221년부터 300여 년에 걸쳐 세운 이 성당은 화려한 고딕 양식의 웅장한 건축물로서 1567년에 완공했다는데 부속 예배당이 무려 15 개나 딸려 있다. 건물의 아름다움이나 예술적 가치 등을 종합해 보면 스페인 최고의 성당이라고 한다.

이 성당 앞의 순례자 동상과 개천가에 줄을 선 플라타너스를 배경으로 사진을 촬영하고 시내를 빠져나가려는데 길 건너 광장에 벼룩시장이 열렸다. 우리는 모두 호기심에 이끌려 그 임시 장터에 갔다. 무얼 놓고 파는가 살펴보니 장신구나 여러 소품들이다. 집에서 쓰던 소품들을 좌판에 올려놓고 저렴하게 파는 것이다.

좌판을 돌아보며 살펴보다가 나에게 필요한 육각 렌치를 발견했다. 자전거의 안장을 뒤로 빼야 편할 거라고 승호 씨가 알려주어 안장을 조정하려고 했으나 아무도 맞는 렌치가 없어 나사를 풀지 못했다. 그래서 오늘, 운영자가 공구상에 들러 구입해 주기로 했는데 이 벼룩시장의 좌판에 렌치 묶음이 나와 있는 것이다. 운영자가 구입하려면 일부러 시내의 공구상에 가야 하고, 금액도 20유로(약 3만 원)나 든다는데 구입할 필요가 없어진 것이다. 다행스럽게도 렌치를 낱개로도 판다고 하여 안장의 나사에 맞는 것 하나를 80센트에 구입해, 안장을 최대한 뒤로 빼 조정했다. 자전거의 프레임이 내게 좀 작아 팔을 곧게 펴지 못했는데 안장을 뒤로 빼니 조금 편한 것 같았다. 렌치를 구입했다는 말을 운영자에게 하기 위해 전화를 걸었으나 받지 않아 몇 차례

걸다 말았다.

벼룩시장 좌판에 귀고리, 목걸이, 캐시버튼을 담은 조그만 상자가 있는데, 세 살된 손녀의 놀이개로 괜찮겠다 싶어 3유로에 샀다. 재미있다.

성당과 벼룩시장을 구경하다 시간을 지체하여 30분쯤 늦게 이동하였더니 운영자는 우리가 너무 늦게 왔다고 화를 냈다. 부르고스 시내를 벗어나면서 일행과 떨어진 나는 사거리에서 일행이 어디로 갔는지 몰라 길을 잃었다. 운영자에게 전화하고 기다렸다가 에스코트 차량에 자전거를 싣고 점프하게 되었다. 앞서가던 일행을 만나니, 오늘은 차도보다는 되도록 순례길로 가겠다고 비포장의 산길로 들어갔다. 나도 차에서 내려 자전거로 가겠다니, 운영자는 이 구간은 길이 험하다고 조금 더 승합차로 점프하자 하여 차를 타고 갔다. 비포장도로여서 차

부르고스 성당 옆 개천가의 플라타너스 가로수

부르고스 대성당 옆에 열린 벼룩시장의 좌판

가 먼지를 일으키기 때문에 순례자들에게 미안하여 속도를 낮추어 천천히 이동했다.

스페인의 시골은 시골답다. 사람과 집이 드물어 공간이 고요하고 정지된 정물화처럼 안온하다. 시야에 움직이는 것들이 없는 진공 같아 명상하기에 좋다. 멀리 들판을 가로막은 것 같은 산맥이 지평선처럼 들을 감싸고 있다. 차가 산기슭 좁은 길을 서서히 나아가는데, 옆에서 걸어가던 여성이 "안녕하세요" 하고 우리말로 인사했다. 우리 차량에 부착한 스티커가 한글로 되어 있어, 그걸 보고 우리가 한국인임을 알게 되었나 보다. 30대 초반의 한국 여성이 혼자서 걷다니, 참 대담한 여성이다. 그렇게 외국을 혼자서 여행하는 젊은이들을 보면 대견스럽고 매우 부럽다. 내가 그 나이 때에는 외국 여행을 꿈꾸지 못했다. 신혼여행도 제주도로 가기가 어려운 시절이었다. 경비 마련도 어려웠지만 영어가 안되기 때문에 혼자서 외국 여행한다는 것은 상상하지 못했다.

완만한 곡선으로 펼쳐지는 밭과 언덕, 멀리 들판을 가로지른 능선이 지평선 같다. 그 한적한 길을 걷는 순례자들에게 우리 차가 일으키는 소음과 먼지가 너무 미안하여 자동차의 속도를 줄여 천천히 갔다. 밭에는 주먹보다 굵은 돌들이 꽤 많았다. 트렉터와 같은 기계로 경작하기 때문에 그 돌들이 농사에 별 문제가 되지 않는가 보다. 우리 밭에서는 탁구공만한 돌도 모두 주워 내는데…. 언덕길을 지나 들길을 오르내리며 걷는 사람들을 스쳐 갔다. 승합차로 30분 정도를 달렸는데도 앞서간 우리 일행이 보이지 않았다. 그들은 다른 길로 달려간 것 같았다. 승호 씨가 휴대폰에 산티아고 가는 길을 앱으로 깔아왔는데

부르고스 교외의 완만한 산과 들

길짱이 안내하는 길과 다를 때가 있었다.

좁은 산길, 밭 사이, 들길로 가다 보니 아치 형태의 석조 문이 나왔다. 이곳은 산안톤으로서 중세의 수도원 자리다. 중세의 성곽 같은 건물 옆에 고풍스럽게 세워져 있는 아치문이다. 문 좌측으로는 수도원 건물의 일부가 부서져 고풍스럽고 웅장하게 남아있는데 지금은 순례자들의 숙소로 이용되고 있다. 다만 전기가 들어오지 않고 숙박시설이 제대로 갖추어지지 않아 이용료는 기부제로 운영한단다. 고풍스런 유적들을 촬영하다 젊은 유럽인 커플에게 휴대폰을 주고 나의 촬영을 의뢰했다. 잠시 서툰 영어로 국적을 물었더니 독일인이라고 했다. 그래서, 내 딸도 독일의 오펜바흐에 살고 있다며 나는 서툰 영어로 몇 마디 했다. 내 영어 실력이 짧아 독일인의 다음 말을 알아듣지 못해 못내 아쉬웠다. 영어가 되면 얼마나 좋으랴.

이곳에서 30분쯤 기다리니 우리 일행이 달려왔다. 여기서부터는 나도 자전거를 타고 일행과 함께 달렸다. 카스트로헤리스(Castrojeriz)를 지나가니 BU-405번의 들길이다. 가다 보니 우리가 가야 할 방향이 아닌 것 같았다. 운영자에게 전화를 걸어 위치를 알려주니 그 자리에서 기다리라고 했다. 20 분쯤 기다렸더니 운영자가 승합차로 왔다. 그 차를 따라 방금 지나왔던 카스트로헤리스로 돌아왔다. 마을 골목길을 굽이굽이 들어가 식당을 찾아 점심을 먹었다.

이곳은 들판 가운데 중세의 성(城)인 카스트로헤리스성이 언덕 위에 솟아있다. 산티아고 순례길에서는 물론 사방에서 아주 잘 보이는 주요 지점으로서 로마시대의 요새에서 시작해 기독교-무슬림 전쟁의 전략적 요충지이기도 했다. 로마시대나 서고트족 요새로 추정하며,

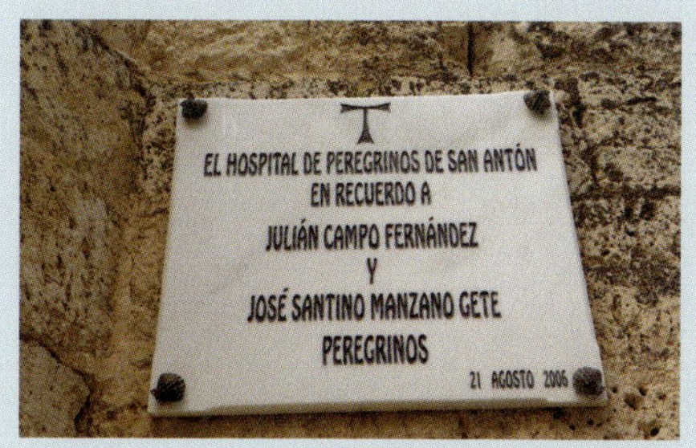

순례자를 기념하는 산 안톤 순례자 병원 표지판

San anton 수도원의 건물 일부와 옆에 있는 석조 문(아르코데산안톤)

882년에 누뇨 누녜스(Nuno Nunez)가 재건했고, 974년 가르시아 페르난데스 백작, 1131년 알폰소 7세의 카스티야 왕국 병합으로 번영했다. 지금은 폐허로 남아있지만, 언덕 정상에서는 사방을 조망할 수 있는 산티아고 순례길의 명소다. 그러나, 그 성(城)에는 오르지 못했다.

식당에서 나와 마을 어귀를 벗어나 나즈막한 언덕에서 운영자를 기다렸다. 10분쯤 기다려도 운영자는 오지 않았다. 전화를 걸었지만 이번에도 받지 않았다. 나중에 이야기를 들어보니, 운영자도 약속 장소로 갔지만 다른 곳으로 가, 우리를 만나지 못했다고 했다. 약속 장소를 다르게 알아 서로 엉뚱한 곳에서 기다리느라 만나지 못하고 출발했다. 그가 전화를 받지 않아 길을 확인하지 못해 문제가 생기게 된 것이다.

갈 길이 확실하지 않아 승호 씨가 휴대폰에 입력해 온 앱을 참고하여 점심 전에 잘못 간 길의 우측 길로 달려가니 매우 넓은 들판이 나

들판 가운데 오뚝 솟아있는 카스트로헤리스성

왔다. 사방으로 지평선이 보이는 아주 넓은 벌판에, 곧게 뻗은 길, 차량도 거의 없어 달리기에 아주 좋았다. 그러나, 이곳은 도보 여행자들에게는 가장 지루한 평야다. 우리는 운영자와 연락이 안 되어 길짱과 승호 씨의 휴대폰 앱을 보며 그대로 나아갔다.

사방이 지평선인 들판 길인데, 사람이나 차가 거의 다니지 않고 산티아고 까미노의 표지도 없다. BU-400번 길을 계속 달려가니 마을이 나왔다. 멜가르데 페르나멘탈이다. 운영자가 전화를 받지 않으니 우리의 목적지가 어딘지 알 수 없었다. 일단 숙소를 정해야 하기 때문에 일행들에게 기다리라 하고 나는 마을 사람들에게 호텔을 문의하여 두 군데나 찾아갔다. 그러나, 이곳의 숙박업소들은 문을 열지 않았다. 순례자가 많지 않은 비수기이기 때문인지 호텔은 있지만 영업하지 않는 것이다. 날은 점점 어두워지고 기다리는 시간이 길어져 용변도 봐야 하는데 화장실이 없다. 기다리던 곳에서 혼자 개천가로 달려가 일을 보고 와 계속 기다렸다. 그 뒤에 운영자와 겨우 통화가 되어 위치를 알려주니 기다리라고 했다.

석교 씨와 승호 씨는 운영자에 대한 원망을 쏟아냈다. 누군가가 "그 사람 따라가면 불편한 점 많을 거여!"라고 했다며 이 운영자를 따라온 게 잘못한 것 같다고 했다. 나 역시 운영자에 대해 이해하기 어려운 점이 있었지만 이제 와서 탓해봐야 뭐하나 싶어 말을 참았다.

길가에 서서 초조하게 기다리는데 30분쯤 지나고 땅거미가 짙어질 때쯤 운영자가 차를 몰고 왔다. 석교 씨가 어떻게 된 거냐고 따지며 언성을 높이자 운영자도 불만이 많았던지 퉁명스럽게 대꾸하여 분위기가 싸늘해졌다. 그래서, "지금 따져봐야 소용 없고 날이 어두워지니

점심을 먹고자 식당을 찾던 카스트로헤리스

운영자를 기다리던 멜가르데페르나멘탈

일단 숙소로 가서 이야기하자."고 중재했다. 길짱과 승호 씨는 승합차의 운전석 옆에 타고, 나와 석교 씨는 자전거를 싣고 짐칸의 구석에 앉았다. 차를 타고 서북쪽으로 30분을 가는 동안 아무 말 안 하고 화를 가라앉히며 프로미스타로 갔다.

카스트로헤리스에서 프로미스타로 가려면 북쪽으로 가다가 좌회전하여 서쪽으로 가야 하는데 우리가 길을 몰라 계속 북쪽으로만 간 것이다. 우리가 가야 할 마을이 어딘지도 정확히 모른 채 달렸으니 엉뚱한 멜가르데페르나멘탈로 가게 된 것이다. 카스트로헤리스에서 북쪽으로 가다가 카스트리오모타데주디오에서 좌회전해 가면 프로미스터가 나오는 걸, 좌회전하지 않고 직진만 계속하여 페르나멘탈로 가게 된 것이다.

프로미스타에 도착했을 때는 완전히 어두운 밤이 되었다. 마을 센터에 조명이 비쳐 교회가 훤히 보였다. 산타마리아델카스티요 교회다. 운영자는 숙소를 찾으러 가고, 차에서 내린 우리는 옆에 보이는 레스토랑으로 들어갔다. 잠시 후에 돌아온 운영자는 우리를 찾느라고 애를 먹었다고 또 투덜거렸다. 운영자를 따라가 규모가 작은 호스텔[30] 2층에 짐을 놓고 나왔다. 호스텔에서 5분쯤 걸어간 식당은 아까 들어갔던 레스토랑보다 품격이 낮은 대중 식당이었다. 운영자는 식비가 덜 드는 식당을 고르느라 처음에 들어간 식당에서 나오라고 한 뒤 골목에 있는 이 식당을 골랐을 것이다.

배가 고팠기 때문이었을까, 화가 가라앉은 덕분일까, 저녁을 먹으

---

30. Hostal Camino De Santiago. 1성급 호스텔.

프로미스타의 산타마리아델카스티요 교회

면서 아무도 언짢은 말을 꺼내지 않았다. 아무도 사과하지 않았지만 다툼은 없었다. 아마도 언쟁을 하면 서로 상처를 입을까 봐 화를 묻어 둔 것이리라.

운영자는 라이딩하는 우리를 에스코트하는 데 주력하지 않고, 대부분 목적지를 향해 먼저 떠났다. 만날 장소나 목적지도 자세히 알려주지 않아 갈림길이 나올 때마다 우리는 길을 찾느라 신경을 썼다. 거기다 운영자가 전화를 받지 않으니 길을 찾느라 애를 먹었다.

오늘은 운영자가 내게 작은 독방을 배정해 주었다. 그러나 이 방에는 화장실이 없어 다른 방 옆의 공동 화장실을 이용해야 했다. 그러나 혼자서 방을 쓰기 때문에 글을 마음 놓고 쓸 수 있어서 다행이었다. 테이블에 앉아서 차분히 일기를 썼다. 그런데 방문의 잠금장치가 없다. 혹시 누가 들어올지도 몰라 문 앞에 테이블을 붙여 밖에서 문을 열지 못하게 막아놓았다.

부르고스의 벼룩시장에서 손녀에게 주려고 산 목걸이와 귀고리, 캐시 보던을 꺼내 보았다. 딸에게 전화를 걸어 페이스톡으로 그 목걸이

손녀의 선물로 산 귀고리와 목걸이

와 귀고리를 보여주었다. 그런데 목걸이와 귀고리의 줄이 얽혀 있다. 영 풀리지 않아 목걸이의 줄과 귀고리의 줄을 끊고 얽힌 걸 풀었더니 줄이 망가졌다. 자정이 넘어 일기를 쓰다가 새벽 두 시가 넘어서야 침대에 누웠다.

제12장

비가 내려 로스콘데스로 점프하여 레온 입성

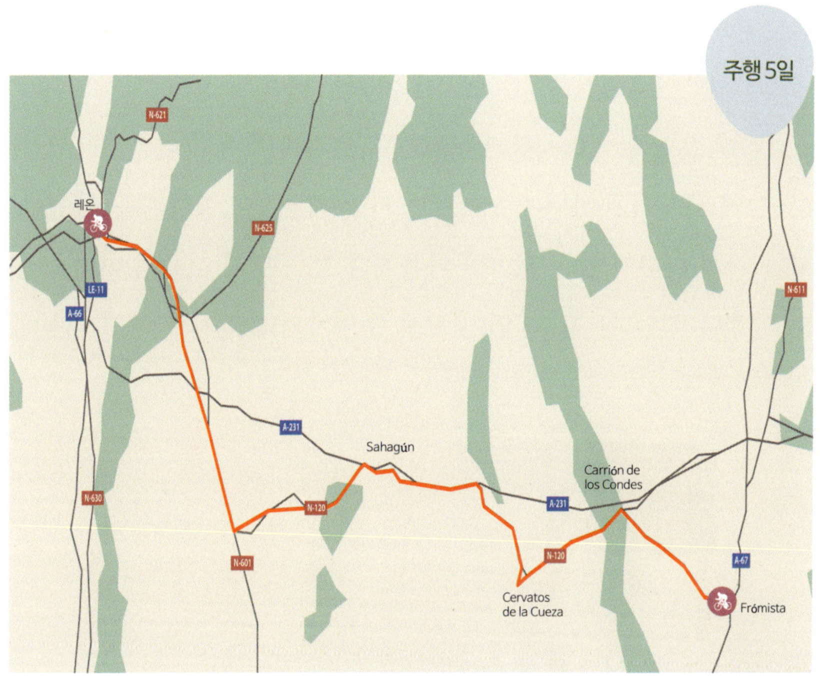

프로미스타 → 카리온데 로스콘데스 → 사아군 → 레리에고스 → 레온 : 94km 이동

일찍 일어나 짐을 챙겨 7시에 호스텔에서 나왔다. 아직도 어두운데 비가 추적추적 내리고 있다. 석교 씨와 운영자가 먼저 나와 호스텔 밖의 처마 밑의 테이블에 앉아 있다. 20분을 기다려도 승호 씨와 길짱이 나오지 않았다. 전화를 걸어도 받지 않아 방에 들어가 깨우려고 현관 문을 열었으나 잠겨서 열리지 않았다. 초인종을 누르자 관리인이 자

다 일어난 얼굴로 나와 문을 열어 주었다. 운영자가 들어가 방에서 자고 있던 승호 씨와 길짱을 깨워 데려왔다. 승합차를 주차한 곳으로 10분쯤 걸어갔다. 그런데, 길짱이 룸키를 깜박 잊고 가져와 호스텔에 갖다주고 오는 동안 기다렸다. 승호 씨는 비를 맞으며 라이딩하는 건 싫다고 한 구간을 택시로 이동하자고 제안했다. 그래서 프로미스타에서 카리온데로스콘데스까지는 택시로 가기로 했다.

그런데 운영자가 택시를 알아보더니 11시 이후에나 운행된다고 했다. 그게 사실인지 아닌지 모르지만 사실 여부를 확인할 수는 없었다. 차가 거의 다니지 않는 조그만 마을이다 보니 택시 이용이 어려울 수도 있겠다 싶었다. 할 수 없이 모두 운영자의 승합차를 타고 이동하

독일 여성이 혼자서 타고 온 자전거와 짐

카리온데로스콘데스의 BAR

작은 광장의 플라타너스
(Church of Santa María del Camino 산타마리아 천주교 성당 앞)

기로 했다. 나와 승호 씨는 승합차의 조수석에 앉고 길짱과 석교 씨는
자전거를 실은 짐칸에 탔다. 차창 밖의 들길을 보니 순례자들이 대부
분 우비를 입었지만, 우비가 바람에 날려 비를 제대로 가리지 못했다.
그 비바람 때문에 우비를 걸치고 걸어가는 사람들이 무척 초라해 보
였다. 들판 흙길에서는 신발에 흙이 달라붙고 우비가 바람에 날려 여
행자들의 보행이 무척 힘겨워 보였다. 배낭을 멘 어느 노인이 막대 지
팡이를 짚고 질퍽거리는 길을 혼자서 걸어가는데 다리가 아픈지 발까
지 절고 있어 너무 애처롭게 보였다. 무엇을 위해 길을 나서 저 고행
(苦行)을 스스로 선택했을까?

로스콘데스에 도착, 사람들의 눈길을 피해 차에서 내렸다. 시내로
들어가는데 플라타너스 가로수가 줄지어 있는 조그만 광장이 있다.
그런데 플라타너스의 가지가 모두 잘려 둥치만 썰렁하게 서 있다. 그
모양이 손가락 잘린 주먹 같아 안쓰러웠다. 아침 식사를 하기 위해 길
모퉁이의 작은 바(Bar)[31]에 들어갔다.

다른 여행자들도 비를 피해 바에 들어와 쉬고 있다. 차와 음식을 먹
는데, 혼자서 차를 마시는 중년 여성이 있어 국적을 물어보니 독일에
서 온 산티아고 순례자였다. 카페를 나와 길에서 그 여성을 다시 만났
는데 혼자서 많은 짐을 실은 자전거를 끌고 걸었다. 혼자서 산티아고
로 가는데 캠핑하며 노숙(路宿)하는 여행자였다. 자전거 양쪽에 큰 가
방을 달아 침구와 취사구를 실은 것 같다. 캠핑이 자유스러운 여행이
지만 오늘처럼 비가 오면 상황이 어렵다. 자전거 기어가 굵은 체인으

31.　Bar España. 식당 겸 찻집.

로 되어 있는 특별한 자전거여서 모터 자전거인가 하고 물으니 아니라고 했다. 짐을 많이 싣고 있어 한 번 들어보려 했으나 너무나 무거워 들을 수가 없다. 우리처럼 생장에서 출발해 왔다는데 어떻게 된 일인지 순례자 카드[크레덴시알]를 구하지 못하고 왔다는 것이다. 그래서, 관광안내소를 찾아가 그 카드를 구해야겠다고 했다. 시 관광청이 옆 건물에 있으니 그곳에 가서 크레덴시알을 구하라고 운영자가 알려주었다. 참 대범하고 용감한 여성이다.

시내 산책을 나가 기념품 가게에 들어갔다. 직장인인 길짱은 동료들에게 선물할 열쇠고리를 여러 개 구입했다. 나도 5개를 고르고, 귀국할 때 자전거 박스를 포장하기 위해 스카치테이프도 샀다. 그런데 나중에 보니 스카치테이프가 아니고 양면 테이프였다. 말이 안 통해 점원에게 묻지 않고 모양만 보고 구입한 실수였다. 승호 씨는 고가(高價)의 우비를 샀다. 그 가게를 나와 다른 가게에 가니 좀 저렴하면서도 기능이 좋은 우비가 있다. 승호 씨는 다시 전 가게로 가서 우비를 반품하고 와, 이 가게에서 다시 샀다. 나도 이 가게에서 조그만 조가비 모양의 목걸이용 장식 5개와 예쁜 열쇠고리를 골라 2개를 추가로 구입했다.

비가 계속 내려 다시 승합차를 타고 사아군(Sahagun)을 향하여 출발했다. 시내를 벗어났는데 무슨 일인지 경찰차가 뒤에서 계속 따라왔다. 승합차에 우리가 타는 것을 보고 누가 신고한 것일까? 운영자는 짐칸에 탄 일행에게 소리를 내지 말라고 주의를 주었다. 경찰로부터 딱지를 떼여 벌금을 내야 할지도 모를 상황이었다. 약 5km쯤 따라오던 경찰차가 우리 승합차 옆으로 가까이 오더니 정지하라고 했다. 딱지를 떼려고 그러는 줄 알고 잔뜩 긴장했는데, 운영자에게 어디로 가는 길이냐고 물었다. 산티아고에 간다고 하니 길을 잘못 왔다는 것이다. 다른 길로 가라고 알려주었다. 다행이었다. 차에 한글 스티커를 붙여 경찰의 눈에 이상하게 보였나 보다. 경찰은 길을 알려주기 위해서 따라왔다고 했지만, 무슨 혐의점이 있어 확인하려 했는지도 모르겠다. 그래서 길을 알려주는 친절을 가장하여 실제로는 검문했는지도 모른다. 약 5분 이상 따라온 경찰 때문에 잔뜩 긴장했다. 경찰은 남녀 두 명이었는데 길을 알려준다고 순찰차를 따라오라고 하여 조금 따라가다가 우리가 길을 찾아 방향을 바꾸자 사라져 보이지 않았다.

사아군(Sahagun)에서 차를 세우고 도서관[32]을 찾아가 순례자 카드에 인증 도장을 날인했다. 이 사아군은 생장에서 산티아고까지의 중간 지점으로서 의미가 있다. 여기서 순례를 마치는 이도 있고, 여기서 시작하는 사람도 있다. 도서관 실내를 디카로 사진을 촬영하자 카메라 앞에 있던 할머니가 자신을 촬영했다고 나에게 항의했다. 나는 무슨 말인지 몰라 "I don't know" 하고 도서관에서 얼른 나왔다. 그 노인이 더 말하려 했으나 내가 돌아서 밖으로 나가자 화난 얼굴로 지켜보다 갔다.

사아군에서 N-120번 도로로 가다가 N-601번 도로로 바꾸어 레온 시내로 들어갔다. 비가 멎어 레리에고스(Leliegos)에서 승합차에 실었던 자전거를 내려, 타고서 레온을 향해 달렸다. 고갯길을 넘어가다 주

---

32. Libreria Luna 서점.

건축자재 & 공구상(Brico Depôt León(Valdelafuente).

레온 시내로 들어가는 길

택 자재 전문 매장[33]을 지나게 되었다. 승호 씨가 갑자기 그 매장에 들렀다 가자고 제안하여 뒤돌아 갔다. 넓은 주차장에 깨끗한 단층 건물의 실내 매장이다. 일행 셋이 들어가고, 나는 공구에 관심이 없어 밖에서 전시해 놓은 관리기를 살펴보며 대기하다가 일행이 나와 다시 출발했다.

교외에서 레온 시내로 들어가는 내리막길로 가는데 밤톨 같은 마로니에 열매가 길에 많이 떨어져 있다. 자전거 바퀴에 열매가 깔려 으스러져 깨지기도 했다. 주의해서 일행들을 뒤따라 가는데 앞서 가던 길짱이 마로니에 열매에 자전거 바퀴가 미끄러져 넘어졌다. 다행히 다친 곳은 없었다. 골목으로 달리다가 자동차를 수리하는 주민에게 레온[34] 역으로 가는 길을 물었다. 우측 길로 가라고 알려주었다. 그런데 길짱은 휴대폰의 앱을 보고 왼쪽 개천의 둑길로 올라가 앞장섰다. 그를 따라가니 토리오강이 나왔다.

1km쯤 달리니 플루비알공원, 여기서 베르네스가 강변길로 시내를 우회전하여 시내로 들어갔다. 나중에 알고 보니 레온역은 아까 주민이 알려주었던 길이 지름길이었는데, 길짱이 휴대폰의 앱을 보고 앞장선 것이다. 한적한 냇가의 둑으로 달리다가 복잡한 시내로 들어가 레온역을 찾아가니, 그 역은 폐쇄된 구역(舊譯)이었다. 시내를 반 바퀴나 돌아 잘못 찾아간 것이다. 이곳은 과거의 역(驛)이었고, 새로운 역은 도심지로 더 들어가야 한다는 것이다.

33. Brico Depôt León (Valdelafuente).
34. 레온(Leon)은 영어의 Lion과 같은 뜻의 단어.

여기서도 주변을 한 바퀴 돌았지만 레온역을 찾지 못해 어느 가게에 들어가 다시 길을 물어 알아냈다. 그런데 시내 중심가라 차들이 줄을 잇고 있어 통행이 매우 복잡해 위험했다. 몇 차례 더 물어보며 가까스로 신역(新驛)을 찾아가느라 시간이 지체 되었다. 레온역이 가까운 라이온스다리를 건너가니 운영자가 길가에서 기다리고 있다. 그는 우리가 너무 늦게 왔다고 언성을 높여 화를 냈다. 그러나 우리에게 화를 낼 게 아니었다. 자전거로 주행하는 우리들을 에스코트해 주었다면 그런 일이 없었을 것이다. 그런데 길 안내는 하지 않고 먼저 가더니 우리가 늦었다고 질책했다. 적반하장(賊反荷杖)격이다. 우리가 공구상가에서 20분쯤 지체하긴 했지만 레온역을 찾지 못해 30분을 헤매느라 힘들었는데, 우리가 어렵게 찾아온 건 모르고 화를 낸 것

레온역 옆의 RIOSOL 호텔

이다.

　운영자를 따라 RIOSOL호텔로 갔다. 오늘은 처음으로 괜찮은 호텔이다. 로비로 가서 반지하실의 셔터를 올려 달라고 하고 건물을 돌아 반지하의 창고에 자전거를 넣고, 다시 로비로 돌아와서 셔터를 닫으라고 말해 주어야 되는 번거로운 시스템이었다. 승합차에서 가방을 꺼내 방으로 옮긴 후, 옷을 갈아 입고 저녁을 먹으러 시내 중심가로 나갔다.

　라이온스 다리를 건너 구즈만광장의 교차로를 건너가는데 부슬비가 내렸다. 오르도뇨 2번가로 걸어가 산토도밍고광장을 지나 역사박물관, 가우디가 설계했다는 뾰족지붕의 보티네스 저택 등 유명 건물들을 구경하며 15분쯤 걸었다. 가다가 오른쪽으로 바릴라스스트리트로 들어가 BAR 겸 식당(Green Corner Bar Restaurante)에 들어갔다.

　식당에 들어가 음식을 주문하고 앉아 있는데 60대 초반의 한국 여자가 와서, 여기서는 어떤 음식을 먹는 게 좋으냐고 물었다. 메뉴를

가우디가 설계했다는 보티네스 저택

일몰 전 레온 산토도밍고광장의 분수대

일몰 후의 산토도밍고광장의 분수대

잘 모른다는 것이다. 그녀는 순례길에서 만났다는 한국 여성과 둘이 왔다. 남편과 여행을 같이 왔는데 남편은 지금 호텔에 누워 있고, 자신은 순례길에서 만난 이 여성과 이야길 나누기 위해 이 레스토랑에 왔다는 것이다. 운영자가 음식을 설명해 주었다. 먼 스페인까지 온 우리 동포라 여행 이야기를 나누고 싶었는데 운영자가 메뉴에 대해 알려주자 곧장 자기 테이블로 돌아갔다.

식사하는 중에 밖에서는 무척 거센 비바람이 몰아치더니 갑자기 굵은 우박까지 요란하게 쏟아졌다. 천둥과 번개가 무서우리만치 여러 번 요동쳤다. 운영자는 오늘 우리가 택시를 타지 않고 승합차로 일부 구간을 이동하느라 불편했을 거라며 음식을 풍성하게 샀다. 길짱은 레온역을 찾을 때 구역(舊譯)으로 길 안내를 잘못했다고 맥주를 샀다.

저녁 식사한 Green Corner Bar Restaurante

지나가던 소나기였던지 식사를 마쳤을 때는 비가 잦아들었다.

호텔로 걸어가면서 길 가운데에 있는 산토도밍고광장에 있는 분수대, 상가의 화려한 간판과 조명, 곳곳에 있는 석상(石像) 등, 레온 시내를 구경하면서 호텔로 돌아왔다. 비가 내려 운영자와의 갈등이 씻겨 내려갔을까? 굵은 우박이 금세 녹듯이 시가지의 볼거리들과 그런대로 잘 먹은 만찬이 불만을 용해시켜버렸을까? 더 이상 불편한 말로 마음 다치지 않으려고 모두 마음 속에 묻어두었을 것이다.

일행들은 호텔 방으로 들어가고 로비 옆에 있는 휴게실에 앉아 수첩을 보며 일기를 썼다. 옆에 아무도 없어 글쓰기에 좋았다. 그런데 펜을 붙들고 몇 줄 쓰려니 졸음이 쏟아져 글을 이어갈 수가 없다. 전날 밤의 수면 부족 때문인지 견디기가 힘들었다. 한 시간쯤 펜을 붙들고 졸면서 끄적거렸더니 일기장에 지렁이 같은 줄만 그어져, 일기장을 덮고 방으로 들어갔다. 오늘은 호텔이라 호스텔보다는 좀 나은 방에서 자게 되었지만 3인 1실을 쓰게 되었다. 일행들의 수면을 방해하지 않기 위해 샤워도 못하고 조용히 침대에 누웠다.

레온 성당

제13장

아스토르가에서 순례자박물관 관람과 휴식

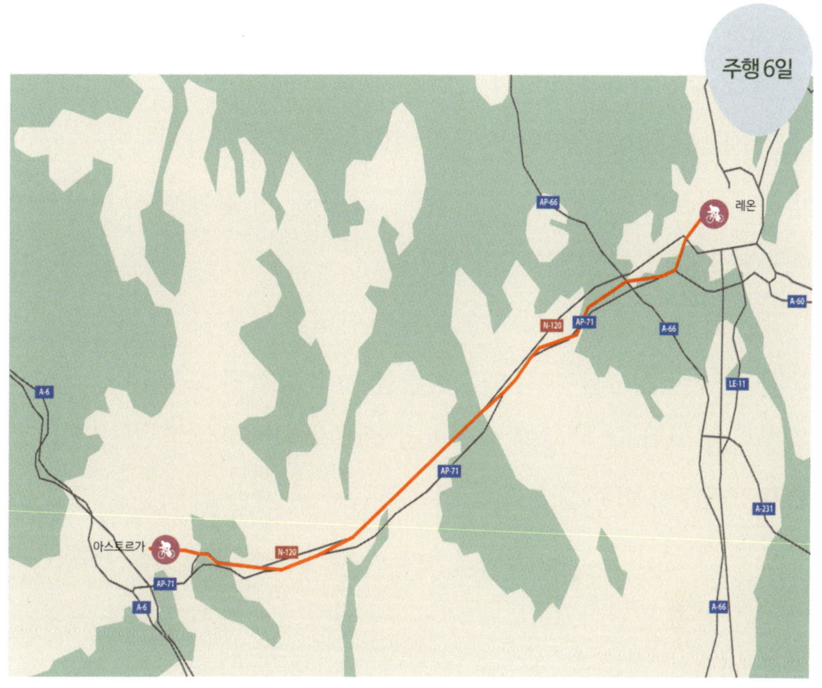

레온 → 비야당고스델파라모 → 오스피탈데오르비고 → 아스토르가 : 40km 이동

레온 시내를 벗어나 시골길을 달리다 보니 LE-441번 길로 잘못 들어가, 약 2km를 되돌아왔다. 레온 시내 쪽으로 다시 돌아오다가 시내 진입 직전에 우회전해서 간선도로를 지나 N-120번 도로를 찾아 그 길로 들어갔다. 달리다 보니 일행 셋은 나보다 1km 이상 앞서 달렸다. 좀 떨어졌지만 무리하지 않기 위해 속도를 높이지 않고 내 페이스 대

로 갔다. 시골길이라 단순하고 차량이 많지 않아 뒤처진 걸 걱정하지 않고 달려갔다.

그런데, 앞서 간 우리 승합차가 멈추어 있고, 운영자가 길가에 서 있다. 자전거에서 내려 살펴보니 길짱이 길가의 도랑에 쓰러져 누워있고, 승호 씨가 옆에서 길짱을 살펴보고 있다. 길짱은 누워서 눈을 감은 채 호흡을 가다듬고 있다. 일행을 뒤에서 따라가니 길짱은 주행 중에 수시로 뒤돌아보며 필자가 잘 따라오고 있는지 살펴보았는데, 그렇게 돌아보다가 넘어진 것 같았다. 내 탓인 것 같아 몹시 미안하여 어찌된 일이냐고 물어볼 수가 없었다.

그런데, 나중에 알고 보니 승호 씨가 반대편 길에 사고 난 차량을 보느라고 잠시 헛눈팔아 길짱의 핸들을 치고 나갔던 모양이다. 그래서 길짱이 넘어져 길 아래의 도랑으로 떨어졌다는 것이다. 길짱은 너무 고통스러운지 미동도 못하고, 다리를 구부린 채 누워서 눈을 감고 꿈쩍도 하지 않았다. 그의 헬멧은 앞쪽이 약간 손상되고 얼굴 한쪽에 타박상을 입어 핏발이 돋았다. 넘어지며 찢겼는지 바지의 무릎 쪽에 구멍이 생겼다. 우리는 길가에 서서 그가 일어나길 기다렸다. 잠시 후, 그가 간신히 일어났으나 절뚝거리며 잘 걷지 못했다. 그의 자전거를 승합차 뒤에 싣고, 그는 조수석에 앉아 출발했다.

필자 외에 다른 일행들은 자전거에 백미러를 부착하지 않아 뒤에 오는 나를 보려면 고개를 돌려야 했다. 길짱도 백미러가 없으니 맨 앞에서 뒤의 일행들을 수시로 돌아보며 달렸다. 주행 중 뒤를 돌아보려면 상당히 불편할 뿐만 아니라 위험하다. 백미러가 있으면 주행 중 어렵지 않게 뒤를 주시할 수 있고, 좌회전할 때도 왼쪽을 볼 수 있어서

아스토르가에 가느라 자전거로 넘어간 전철

아스토르가 시내의 코인 세탁기

매우 편리하다. 그런데 자전거의 무게를 늘리지 않으려고, 또는 자전거를 단순화하기 위해 백미러를 부착하지 않는 경향이 있다. 그러나, 백미러의 무게는 거의 느낄 수 없을 정도이고, 뒤에 오는 일행을 쉽게 볼 수 있어 적당한 거리를 유지하는 데 매우 유효하다. 또 뒤에서 달려오는 차량을 볼 수 있어서 안전에도 중요한 역할을 한다. 라이더들이 백미러를 달지 않으려는 경향이 있는데, 나는 그걸 이해하지 못한다.

길짱이 차를 타고 가니, 셋만 자전거로 달리게 되었다. 오르막에서 석교 씨와 승호 씨를 따라가지 못해 또 뒤처져 갔다. 고갯길에서 기다리는 일행을 만났다. 잠시 쉬고 먼저 출발했는데도 또 오르막에서는 뒤떨어졌다. 나중에 생각해 보니 내 기량이 부족하기도 하지만 자전거의 성능이 떨어져 뒤따라가기 어려웠던 것 같다.

정오 무렵, 기찻길을 넘어가는 임시 가설 고가교로 자전거를 타고 넘어 아스토르가 시내에 들어갔다. 고가교는 철제 파이프 기둥에 철망과 철판을 깔아 만든 가설물이지만 자전거를 타고도 넘어갈 수 있게 만든 구조였다. 아스토르가의 시내로 들어가 왼쪽에 소공원이 있는 부근에서 길가에 자전거를 세우고 조그만 구멍가게 앞의 노상(路上)에 앉아 음료수를 마시며 쉬었다. 운영자는 오늘 우리가 묵을 숙소를 예약하기 위해 먼저 시내로 들어갔다. 아직 정오쯤이니 더 달려가면 좋겠는데 오늘은 여기서 라이딩을 마치고 세탁한 후, 쉬다가 숙박까지 하겠다는 것이다.

맞은편에 있는 멜가르공원의 경관이 아름다웠다. 날씨가 맑게 개이기도 했지만 공원의 조경이 잘 되어 있고 아스토르가성(城)이 언덕에 있어 멋진 마을이다. 사진을 촬영하는데 마침 필자가 타는 모델의

아스토르가 입구의 멜가르공원과 아스토르가 주교궁(중앙은 현대차 투산)

현대자동차 투산이 카메라에 잡혔다. 1시간쯤 지나자, 운영자가 방을 구했다고 연락해 호스텔[35]을 찾아갔다. 호스텔은 상가 건물이 이어져 있고, 노점상들이 좌판을 벌여 놓은 맞은편에 있었다. 자전거는 호스텔 옆 창고에 묶어두고 주택가의 길가에서 승합차에 있는 각자의 짐과 가방을 가져왔다. 다른 사람들은 숙소에 가져갈 가방이 1개인데 나는 3개나 되어 이동할 때마다 불편했다.

호스텔에 들어가려다 과일을 팔고 있는 노점상을 보았다. 상인들이 파장하려고 과일들을 정리하고 있어 키위, 사과, 오렌지, 귤, 4종을 15

---

35. Hostal Coruña

유로에 서둘러 구입했다. 라이딩 중 주행 속도가 느려 일행들에게 불편을 준 게 미안하여 과일로라도 사과하기 위해서다. 가방 3개와 과일을 들고 2층 방으로 올라가려니 무척 힘이 들었다.

아스토르가 중심가로 나와 점심을 먹고, 빨래한 후, 아스토르가성을 관람하기로 했다. 호텔에 짐을 놓고 시내로 나와 레스토랑을 찾다가 노후화된 건물의 식당으로 들어갔다. 식당은 작지만 1, 2층으로 되어 있어 2층으로 올라갔다. 목재로 만든 계단에서 삐그덕거리는 소리가 많이 났다. 테이블이 6개뿐인 아담한 식당이다. 운영자가 식대를 계산하려면 부담이 될 것 같아 음식을 간단히 먹자고 제안했다. 그러나, 코스 요리 외에는 주문을 받지 않는다고 하여 세트 요리를 주문했다.

음식을 기다리는 동안 옆 테이블에 있는 서양 여성에게 우리 일행들의 사진 촬영을 의뢰하고 몇 마디 이야길 나누니, 석교 씨가 그들에

해산물 파스타

크림 팬네 파스타

닭고기와 샐러드　　　　　　　　　　　　카르네 파타타스

게 불편을 주지 말라고 나에게 주의를 주었다. 낯선 사람과의 대화도 여행 중의 한 즐거움인데, 왜 내게 지청구를 하는지, 조금 언짢았다. 그렇지만 다투지 않기 위해 유럽인과의 대화를 멈추었다. 여러 음식이 순차적으로 나오는 코스 요리라서 모처럼 풍성한 점심을 먹었다.

점심을 먹고 나와 호스텔로 와서 옷을 세탁하러 빨래방에 갔다. 네 명이 동전을 모아 석교 씨에게 주니 그가 동전을 넣고 세탁기를 돌렸다. 석교 씨는 외국에서 주재원으로 오래 근무하여 세탁기를 잘 다루었다. 나는 어떻게 세탁기를 이용해야 하는지 몰라 주의 깊게 지켜보았다. 건조기로 물기를 제거한 후, 각자의 빨래를 챙기는데 내 양말 한 짝이 없다. 애써 찾으니 석교 씨가 건조기 안의 틈에서 꺼내 주었다.

스페인의 세계적인 건축가, 가우디가 설계했다는 아스토르가성[36]에 갔다. 원래 주교궁으로 지었으나 지금은 '순례자박물관'으로 운영되고 있다. 건물이 화강암의 석조 건물이어서 그런지 근래 지은 건물

36. 가우디가 설계한 아스토르가궁전(Palacio de Gaudí Astorga). 지금은 순례자박물관으로 쓰고 있다.

처럼 외관이 깨끗하고 산뜻하다. 뾰족하게 솟은 탑과 독특한 굴뚝이
동화에 나오는 성(城) 같은 건물이다. 운영자가 관광안내소(OFICINA
DE TURISMO)에서 표를 구입해 와 입장했다. 이 주교궁의 규모는 크
지 않지만 내부가 아주 화려하고 아름다웠다. 실내에 형형색색의 스
테인드글라스로 된 창과 천정에서 햇빛이 들어와 매우 밝았다. 이 건
물의 스테인드글라스의 아름다움은 세계적으로 유명하다.

  2층과 3층에 여러 목각상(木刻像)과 유물, 사람의 모형이 전시되어
있다. 소장한 유물이나 전시품은 그리 많지 않았다. 창밖을 내다보니
시가지에는 건물들이 빼곡하다. 위에서 아래로 내려다 보는 경치여서
전망이 좋다. 시내의 건물들이 높지 않아서 그런지 분위기가 차분하
여 평화롭게 여겨졌다.

  박물관을 돌아보고 밖으로 나와 카스트로광장의 벤치에 앉아 있는
데 한국 여자가 다가와 주소를 보여주며 알베르게를 물었다. 60세쯤
돼 보이는데 혼자서 온 순례자다. 어디서부터 걸어왔는지, 왜 혼자 왔
는지 묻고 싶었으나, 운영자가 길을 알려주자 곧바로 길 건너 골목으
로 들어갔다. 영어가 서툰 것 같은데 혼자서 이 순례길을 걷다니 상당
히 용감한 여성이다.

  길을 걷다가 엊그제 카리온데로스콘데스에서 본 독일 여자가 지나
가는 걸 보았다. 그날은 혼자였는데 오늘은 유럽 남자 두 명과 셋이서
자전거를 타고 갔다. 일행에게 그 말을 했더니 어제도 길에서 그 여
자를 보았다고 했다. 산티아고를 향해 가다 보면 만나고 헤어지고, 또
만나고 헤어지며 그렇게 산티아고까지 가는가 보다. 그러나, 그 이후
에는 다시 만나지 못했다.

아스토르가성 실내에 게시된 사진

아스토르가성(순례자박물관)

아스토르가성의 화려한 실내와 스테인드글라스

바르셀로나에서 본 플라타너스 가로수(나무 둥치에 겉껍질이 없어 깨끗함)

카스트로광장에서 호스텔로 돌아오는 길, 플라타너스 가로수가 길을 따라 줄지어 있다. 유럽에서는 플라타너스가 아름다운 가로수인 걸 쉽게 볼 수 있다. 우리나라에서 보는 플라타너스는 둥치에 마른 겉껍질이 지저분하게 붙어있는데 유럽에서 보는 플라타너스는 매끈한 종아리처럼 깨끗해 보인다. 프랑스 개선문 주변의 플라타너스 역시 둥치가 아주 매끈하여 푸르스름한 무늬가 아름다웠다. 그런데 서울의 양재 시민의숲에서 본 몇 그루의 플라타너스도 유럽에서 본 플라타너스처럼 둥치가 깨끗한 게 있었다. 우리나라는 겨울에 춥기 때문에 겉껍질로 둥치를 보호하기 위해 자란 것으로 여겼는데 둥치에 겉껍질이 없는 것도 있는 걸 보면 종(種)이 다르기 때문인가 보다.

호스텔로 돌아와 운영자와 같은 방을 쓰게 되었다. 운영자는 잠을 잘 잤다. 눕자마자 금세 코를 곯았다. 그렇게 편하게 잠을 이룰 수 있다니 부러웠다. 그는 우리가 자는 숙소에서 거의 자지 않고 다른 곳

순례자 박물관의 전시장

에서 잠을 해결했다. 어디에서 잔다는 말을 하지 않았다. 어쩌면 경비 절감을 위해 호텔을 이용하지 않고 승합차에서 차박[37]했는지도 모른다. 그래서 잠을 제대로 자지 못해 호스텔에서 잘 때는 그렇게 곤히 잤을까? 승합차를 운행하는 그가 우리의 주행을 인도하려면 우리 앞에서 길을 안내해야 하련만 차를 타고 먼저 목적지로 가, 그가 보이지 않을 때가 많았다. 목적지에 먼저 가서 마땅한 식당이나 숙소를 찾으려고 했는지, 잠을 제대로 자지 못해 목적지에 일찍 가서 낮잠을 자려고 했는지, 알 수 없지만 우리를 에스코트하지 않을 때가 있었다.

37. 차박(車泊) : 밤에 자동차에서 잠을 잠.

제14장

폰페라다에서의 아이쇼핑

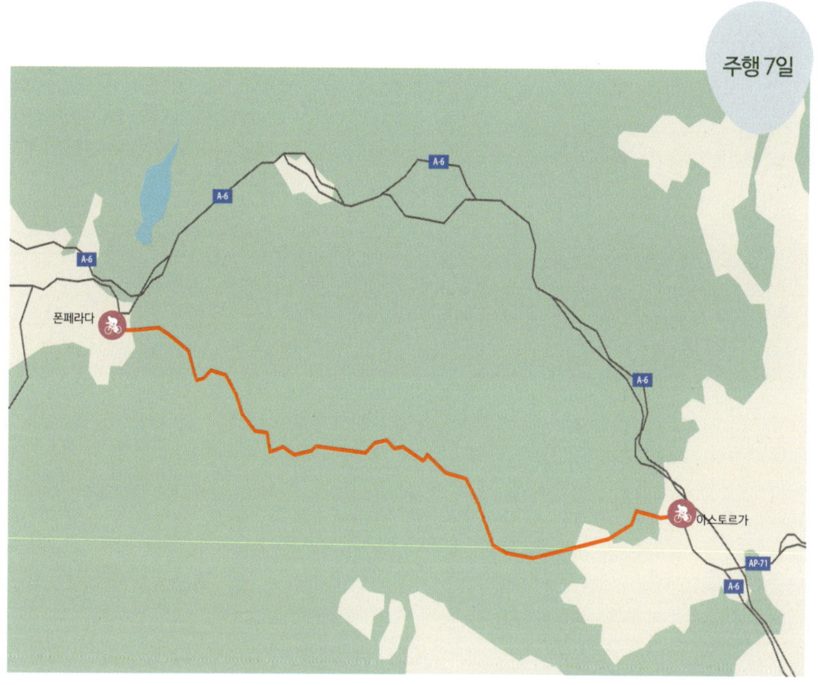

아스토르가 → 소모사 → 폰세바돈 → 만하린 → 엘아세보 → 폰페라다 : 89km 이동

    오늘 역시 새벽에 자전거의 라이트를 켜고 출발했다. 길짱은 어제의 부상으로 말할 때 가슴뼈가 아프다고 라이딩을 포기하고 승합차를 타고 갔다. 그에게 한국에서 비상약으로 가져온 진통 소염제를 1봉 주었다. 나는 콧물이 나와 그가 한국에서 처방해 온 감기약을 한 봉 얻어 복용했다. 감기가 심하면 라이딩하기가 힘들 것 같아 걱정이 되

ELPOTE 산타콜롬바데소모사(Santa Colomba de Somoza)에서 본 농기구 전시장

었는데 약의 효과 덕택인지 증세가 심하진 않았다.

오늘도 오르막에서 일행들과 많이 떨어졌지만 단순한 외길이어서 무리하지 않고 내 수준의 속도로 달려갔다. 석교 씨와 승호 씨가 고개의 갓길, 그늘에서 기다려 주었다. 잠시 쉬고 출발하여 먼저 내리막길을 내려갔지만 다시 오르막이 나와 또 떨어졌다. 시골의 단순한 길이어서 조금 떨어져도 길을 잃을 정도는 아니었다. 굽은 길을 돌아가니 정원에 'ELPOTE'[38]라 쓰여진 어느 민가 앞에서 일행들이 쉬고 있다. 정원 가운데 시멘트 길이 있고 양쪽으로 바퀴 달린 농기구가 여러 개 진열되어 있다. 유모차처럼 손잡이를 잡고 밀고 갈 수 있는 기구들의 전시장이다. 지도에서 확인해 보니 LE-142번 도로의 산타콜롬바데소모사였다. AI로 확인해보니 전통 농업 도구를 전시하여 농기구와 농업문화를 소개하는 전시장이었을 거라고 답했다.

셋이서 호젓한 LE-142번 도로의 산길을 달려가는데 사람도 차도 보이지 않았다. 길은 포장이 되어 있지만 좁은 길이었다. 산티아고 표지도 보이지 않아 길을 잘못 온 것 같았다. 산티아고 순례자의 길에는 가리비조가비의 표지가 있는데 이 산길에는 아무 표지가 없다. 주행을 멈추고 길짱에게 전화했다. 기다리라는 말을 듣고 그 자리에서 기다렸더니 20분쯤 지나서 운영자와 길짱이 차를 타고 왔다. 오히려 그들이 길을 잘못 갔다가 되돌아온 것이다.

승합차 뒤를 따라가다가 폰세바돈의 산길을 오르는데 빗방울이 한두 방울씩 떨어지기 시작했다. 지붕이 너와집처럼 생긴 집의 처마 아

---

38. Santa Colomba de Somoza.

폰세바돈(Foncebadon) 오르막 길옆의 돌판 지붕집

폰세바돈 내리막의 San Miguel 골목길

래에서 잠시 비를 피했다. 목재 기둥에 흙과 돌로 벽을 만들고 너와처럼 얇고 매끈한 돌판을 지붕에 얹은 아주 특별한 집이었다. 'Ermita de Santiago Apostol(사도의 은둔처)'라 씌어있는 초라한 시골집인데 특이하게도 지붕에 돌판을 얹었다. 'La Tabera de Gaia(가이아의 선술집)'이라는 옛집이다. 지붕에 돌판을 얹은 것은 중국 태황산의 민가에서도 보았는데 그 돌판은 우리나라의 구들장처럼 넓고 컸다. 고도가 높고 외딴 산골이어서 돌판을 지붕에 얹은 옛집이 남아있을 것이다.

비가 멎지 않아 할 수 없이 차를 타고 점프하기로 했다. 나와 승호 씨는 승합차에 자전거를 싣고 차에 올라탔다. 그러나, 석교 씨는 되도록 자전거로 가보겠다고 먼저 오르막 길을 혼자서 올라갔다. 비는 계속 내렸다. 높이 오른 고산지대인데 산 중턱의 길가에 누추한 집들이 모여 있다. 비가 더 거세게 내리자 경사진 산길에서 석교 씨도 자전거를 차에 싣고 탔다. 자전거를 승합차에 싣는데 비가 몹시 내려 서둘러야 했다. 짐칸의 공간이 좁아 상당히 불편했다.

차를 타고 산길 오르막을 올라가는데 비를 맞으며 혼자 걷는 외로운 순례자가 있다. 가엾다. 소금 올라가니 고갯길 정상 위에 돌무디기 언덕이 있다. 그 언덕의 돌무더기에 전신주처럼 긴 나무 기둥이 꽂혀 있고 끝에 십자가가 달려있다. 이라고산에 있는 철십자가(Crusz de Ferro)다. 이 돌무더기 동산이 산티아고 까미노에서 가장 높은 고개(1,505m)인데, 순례자들이 자신의 고향에서 가져온 돌을 얹어놓고 소원을 비는 곳이다. 또, 순례자들이 자신의 소망이나 짐을 내려놓는 의식을 행하는 곳이기도 하고, 돌에 이름을 적어 놓거나 리본에 자신의 소망을 적어 기둥에 매달기도 한다.

폰세바돈 철십자가

　이 높은 산 위의 돌무더기에 단순하게 꽂혀 있는 기둥, 그 끝에 십자가가 얹혀져 있지만 그 특이성, 상징성, 역사성 때문에 산티아고 순례길에서는 아주 잘 알려진 명소다. 11세기에 가우셀모 수도원장에 의해 세워졌다고 하는데 순례자들이 돌을 봉헌하는 전통이 지금까지 이어지고 있다. 이 십자가 기둥 앞에서 그 끝을 올려다 보고 내려와 간이 주차장[39]에서 차에 앉아 그 십자가를 다시 보았다. 고지대의 높은 언덕을 스쳐 지나가는 비구름 때문에 그 십자가가 더욱 고적해 보였다. 기둥과 십자가를 스쳐 가는 비바람 소리가 고독의 신음(呻吟)처럼 휘이휘이 허공으로 흩어졌다.

---

39. Estacionamiento

철십자가 아래의 간이 주차장에서 쉬고 있는 자전거 여행자

십자가 아래에 있는 작은 건물 한 채 'Hermitage of Apostle St James(사도 성 야고보의 은둔처)'가 있다. 거기에서 순례자 서너 명이 비를 피했다가 걸어 나왔다. 그 은둔처에서 나오는 순례객들이 우비를 입고 길을 따라 터널터덜 내려갔다. 바람이 허공의 안개구름을 을씨년스럽게 휩쓸고 갔다.

해발 1,500m에 이르는 폰세바돈 고개의 정상, 날이 맑았다면 어느 방향 하나라도 전망 좋게 시야가 열릴 수도 있었으련만, 비구름 때문에 아무것도 보이지 않았다. 다만 안테나처럼 솟아있는 기둥 위의 십자가가 기독교의 상징성을 지니고 있어 산티아고 순례자들에게 성스럽고 엄숙한 느낌을 갖도록 했다. 기둥을 스쳐 가는 가혹한 비바람 때문에 십자가가 쓸쓸하다 못해 처절해 보였다. 각자의 소원을 빌기 위해 가져다 놓은 언덕 위의 돌무더기와 조각 천, 그리고 하늘을 향해 송곳처럼 솟아있는 십자가가 음산한 날씨에 더욱 처연(凄然)하게 보였다.

그렇게 단순한 십자가가 유명해진 데에는 어떤 이유가 있을까? 산티아고 길에서 가장 높은 고개, 이 고개에 십자가를 높이 세운 것은 하늘로 오르고 싶은 소망 때문이었을까. 순례자들은 이 고개까지 올라오느라 힘들었을 고통, 또 살면서 품고 있던 근심을 여기에 내려놓고 가벼운 마음으로 내려가기 위한 전환점으로 삼으려 했을까. 올라오느라 힘겨웠던 고통을 끝내고, 이제는 수월하게 내려갈 수 있는 희망의 터닝 포인트이기 때문일까. 이유야 어떻든 이 기둥에 사람들은 심상(深想)한 의미를 부여하고 싶었나 보다.

그 돌무더기 동산 앞, 공간[40]에 자전거의 앞뒤에 가방을 매단 라이더(자전거 탄 사람)가 비에 젖어 후줄근한 우비를 입고 자전거에 앉아 핸들을 붙잡고 정지해 있다. 가엾다. 해발 1500m를 힘겹게 올라와, 쉬면서 숨고르기를 하나 보다. 숨가쁜 라이딩이었을 것이다. LE-142번 도로로 내려가는 산길, 차는 가파른 산길을 굽이굽이 내려갔다.

만하린(ManJarin)을 지나가는데 풀밭의 소 몇 마리가 비를 맞으며 큰 눈망울로 우리를 보고 서 있는데, 몹시 춥게 보여 안쓰러웠다. 조금 내려오자 산마루길 양쪽으로 집들이 이어져 있는 산 중턱의 마을[41]이 나왔다. 허름한 2층 벽돌집 사이로 차 한 대가 겨우 빠져나갈 좁은

---

40. ÁREA DE DESCANSO PARA PEREGRINOS(순례자들을 위한 휴게소).
41. El Acebo de San Miguel(성 미카엘의 성지).

골목길이다. 마을을 벗어나자 계속 내리막인데 경사가 무척 심하다. 주변에는 집 하나 보이지 않는 산악지대다. 지대가 높아선지 큰 나무가 거의 없는 산, 그 썰렁한 산길을 내려가니 드디어 마을이 나왔다. 몰리나세카(Molinaseca)다.

고산지대에서 고적한 산길을 내려온 순례객들이 쉬었다 가기 좋은 마을이다. 조그만 삼각지의 광장이 나왔는데 이름만 거창한 그리스도광장(Plaza el Cristo)이다. 순례자 석상과 일본어로 쓴 표지석[42], 조그만 사각기둥의 순례자 기념비(Monumento al Peregrino)가 있는 곳, 그 길 한쪽에 주차하고 모두 내렸다. 점심을 먹기 위해 식당을 찾아갔다. 표지판을 돌아가니 'Ramonin'이란 Bar가 있다. 가게 문은 열었으나 주인이 12시가 되어야 음식이 가능하다고 했다. 그렇지만 30분만 기다리면 되기에 맥주를 마시면서 테이블에 앉아 기다렸다. 점심을 먹고 BAR로 나오니, 계속 비가 내려 차를 타고 폰페라다 시내로 들어갔다.

호스텔 지하의 공영주차장에 승합차를 주차하고 짐을 꺼내 호스텔 5층[43]의 호스텔 방으로 들어가려고 엘리베이터를 났는데 너무 좁아 세 명이 겨우 설 수 있다. 옛집을 고치지 않고 기존의 계단에 엘리베이트를 설치하다 보니 그렇게 작다는 것이다. 호스텔 방에 들어가 짐을 정리하다가 잃어버린 줄 알았던 바람막이 점퍼와 맥가이버칼을 찾았다. 어젯밤에 그것들을 찾지 못하여 호텔에 두고 온 것으로 여겨, 못내 찜

---

42. 돌기둥 표지석에 'NPO 법인 통로와 환대 네트워크, 폰페라다 6km'라고 씌어 있다.
43. 유럽에서 1층은 0층이고, 2층은 1층, 5층은 우리의 6층이다.

(上) Hermitage of Apostle St James(사도 성 야고보 은둔처)
(下) 몰리나세카 Plaza el Cristo에 있는 순례자 기념비

찜했던 마음이 개운해졌다. 샤워를 마치고 밖으로 나와 시내 구경을 나갔다.

자전거 판매점에 들어갔다. 석교 씨는 가격표를 보고, 여기서는 1,000만원쯤인데 한국에 가면 1,300만원이 넘을 거란다. 그러니, 여기서 자전거를 사면 저렴하게 구입할 수 있다는 것이다. 한국에서 그렇게 가격이 비싸지는 이유는 수입품에 대한 관세가 붙기 때문이다. 일행들은 스포츠용품을 계속 살펴보기에 나는 관심이 없어 밖으로 나와 혼자 30분 이상을 기다렸다. 날씨가 흐리고 바람이 차가워 선 채로 기다리기가 힘들었다. 그런데 그들은 가게에서 아무것도 산 것 없이 아이쇼핑만 하다가 나왔다.

호스텔 주인은 옆의 다른 건물에 있는 'SAN MIGUEL' 레스토랑도 함

몰리나세카의 그리스도광장(Plaza el Cristo)

께 운영했다. 저녁을 먹으러 그 식당으로 7시에 가니 8시부터나 식사가 가능하다고 하여 기다리며 레드와인과 로저와인을 마셨다. 와인 한 병 값이 3~5유로 선으로 저렴하니 매일 먹게 된다. 그러나, 소량이어서 취기를 위해 나는 그 와인에 양주를 따라 마셨다.

승호 씨가 촬영한 사진을 일행의 단톡에 올렸는데 사진이 잘 나왔다. 촬영법을 배웠다더니 구도를 잘 잡았고, 휴대폰이 고가품이어서 색상도 좋다. 그제 밤에 이불을 덮지 않고 타올만 덮고 잤더니 또 목감기 증세가 있어 길짱에게 감기약 1봉을 얻어 복용했다. 호스텔로 돌아와 누웠더니 감기약 때문인지 금세 잠이 왔다. 잠시 눈을 붙였다 일어나니 새벽 2시. 화장실로 들어가 작고하신 은사님의 기념비 문안, 비석의 도안 문제로 한국의 석재상과 통화했다. 일기를 쓰고 나니 새벽 4시다. 그때서야 침대로 와서 잠을 청했다.

매장에 진열돼 있는 TREK 자전거

제15장

고군분투하며 트리아카스텔라로

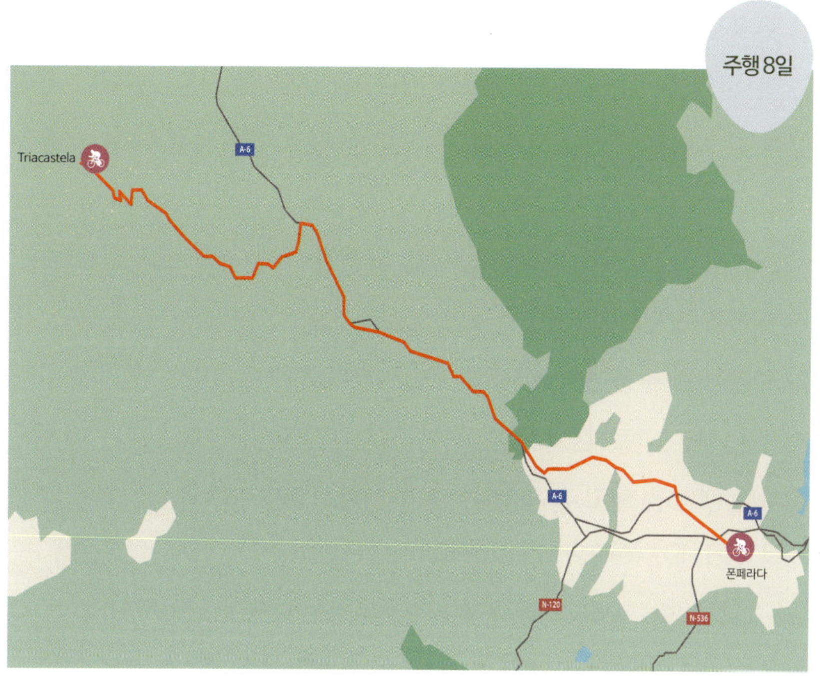

폰페라다 → 카카벨로스 → 베가데발카르세 → 오세브레이로 → 트리아카스텔라 : 74km 이동

호스텔에서 나와 길 건너 식당에서 빵과 카푸치노로 아침을 해결했다. 7시인데 아직도 어둡다. 자전거에 라이트를 달고 승합차 뒤를 따라 달렸다. 잠시 후 폰페라다 버스터미널 앞에서 머물렀다. 산티아고에 도착하면 마드리드로 갈 버스표를 예매하기 위해서다. 운영자가 버스표를 구입해 와, 출발하며 시계를 보니 8시 30분.

날이 밝아 상쾌하게 출발했다. 폰페라다에서 CL-631 도로로 가는데 앞서 가던 일행이 멈추었다. 길을 잘못왔다고 돌아가야 한다고 하여 다시 폰페라다 쪽으로 돌아오다가 오른쪽 간선도로로 빠져 LE-713번 도로를 찾아 달렸다. 카카벨로스 시내 삼거리에서 일행과 떨어져 가다 좌회전한 일행을 보지 못해 오른쪽 LE-4211번 도로로 빠져 길을 잃었다. 전화를 걸었더니 운영자가 왔다. 운영자는 앞서간 일행이 훨씬 앞에 갔으니 점프하자고 하여 자전거를 싣고 승합차를 타고 일행을 뒤쫓아 갔다.

KE-713 도로를 찾아가니 앞서간 일행들이 멈추어 스페인의 자전거 여행자 3명과 이야길 나누고 있다. 스페인 사람들도 길을 몰라 우리 일행에게 질문했던 것 같다. 조금 더 가다가 오르막 삼거리에서 잠시 쉬며 바나나로 간식을 먹고 있는데 아래에서 서양의 젊은 여자가 커다란 배낭을 메고 올라왔다. 그녀는 쉬고 있는 우리 일행 옆을 그냥 지나치기가 멀쑥했던지, "뷔엔 까미노"하고 가볍게 인사하고 갔다. 금방이라도 비가 쏟아질 듯이 흐린 날씨인데 혼자서 지팡이를 짚고 걸어가는 모습이 쓸쓸해 보였다. 그녀는 무엇을 위해, 무슨 생각을 하며 이 고독한 길을 걷고 있을까?

여기서부터는 나도 자전거를 타기 위해 차에서 자전거를 내리겠다니, 운영자가 다음 길에 오르막이 많으니 조금 더 차를 타고 가다가 길이 나아지면 타고 가는 게 좋다고 만류했다. N-VI 길로 가다가 주유소[44]에서 차에 기름을 넣고 잠시 쉬었다. '베가데발카르세(La Portela

---

44. La Portela de valcarce, Leon

청치마를 입고 혼자서 걷는 여인

차를 타고 가다 길이 막혀 당황한 발카르세 산길

도로가 막혀 우회한 산길(옛길)

베가데발카르세의 주유소

de Valcarce)' 마을이다. 간식으로 귤과 빵을 먹고 자전거를 타려하니 운영자가 다음 길도 험하다고 조금 더 가서 자전거를 타라고 권유하여 차를 타고 출발했다.

베가데발카르세의 산길로 올라가 A-6번 고속도로 옆으로 가까이 갔는데 도로공사를 하느라고 길을 막아놓았다. '아뿔싸! 이제 어떻게 하나.' 하고 걱정했더니 운영자는 당황하지 않고 차를 돌려 오던 길로 내려갔다. 그때 마침 자전거를 탄 우리 일행이 달려왔다. 길이 막혔다고 알려주자 일행들도 차를 따라 내려왔다.

운영자는 1km쯤 내려와 우회하기 위하여 오른쪽으로 빠지는 좁은 산길로 천천히 차를 몰고 들어갔다. 차량 한 대가 겨우 지나갈 수 있는 비포장 길이다. 지도를 보았는지 운영자가 조심스레 그 길로 갔다. 길가의 나무들과 산이 시야를 가렸지만 길은 끊기지 않고 이어졌다. 산계곡에서 길 위로 흘러내리는 물줄기도 있고, 하늘을 보니 산 위로 이어진 도로가 다리로 걸쳐진 듯 연결되어 있다.

차 한 대가 간신히 지나갈 수 있는 좁은 비포장의 옛길이다. 가다가 길이 끊기면 돌아나와야 할지도 모르는데, 운영자는 흔들리는 차량의 핸들을 붙잡고 말없이 차를 몰았다. 차 한 대가 겨우 지나갈 수 있는 길이지만 다행히 막히지 않아 구불구불한 산기슭을 서서히 달렸다. 차가 터덜거리는 비포장길을 2~3km 달렸을까, 산길을 빠져나와 다시 차도로 올라갔다. 운영자는 길가에 소공원으로 조성된 곳의 한쪽 공간에 주차했다.

베가데발카르세에서 본 산악과 고가도로

헤르만 쿠니히[45]의 동상이 있는 소공원이다. 여기서부터는 나도 자전거로 달리기 위해 차에서 자전거를 내렸다. 페드라피타로 진입하는 첫번째 로타리다. 자전거로 출발하려 준비하고 기다렸다. 석교 씨와 승호 씨가 다가와, 함께 달리기 시작했다. 조금 더 달려가니 마을[46]이 나왔다. 점심을 먹기 위해 식당을 찾으니 로타리에서 200m쯤 내려가 있다. 시골이지만 신축 건물이라 실내외가 깨끗한 식당이다. 건물의 계단 앞에 자전거를 놓고 2층으로 올라가 점심을 먹는데, 혹시 자전거를 잃어버릴지 몰라 불안한 마음에 자주 창가로 와서 내려다보며 자전거를 확인했다. 자물쇠를 가져오지 않아 자전거를 계단의 1층 벽에 기대 놓고 2층으로 올라왔기 때문이다.

점심을 먹고 고갯길을 오르는데 비가 내려 우비를 입고 달렸다. 산악지대인 발카르세(Valcarce)인데 산과 산의 봉우리에 걸쳐놓은 고가도로가 스카이 라인이다. 다리의 높이가 무시무시하다. 그 길 아래의 작은 길로 달렸는데 그 길을 벗어나자 줄곧 부슬비가 내렸다. 승호 씨는 비를 맞으며 달리는 건 싫다고 자전거를 승합차에 싣고 차를 타고 갔다. 길짱은 여전히 몸이 아파 자전거를 타지 못했다. 석교 씨와 둘이서만 자전거로 달리게 되었다. 석교 씨가 뒤에서 달려오며 나의 속도에 맞추어 주었다. 그는 기량이 좋아 앞서서 빨리 갈 수도 있는데 고맙게도 동행해 주기 위해 속도를 나에게 맞춘 것이다.

오르막이 나오자 석교 씨는 평소처럼 나를 앞질러 갔다. 승합차를

<hr>

45. Estatua de Hermann Künig
46. Pedrafita do Cebreiro.

점심을 해결한 Cebreiro, Lugo BAR[47]

타고 가던 운영자와 길짱이 길옆에 차를 대고 나를 기다리고 있다. 길짱이 비를 맞으며 서 있다가 얼른 나에게 말했다. 여기서 조금만 내려가면 왼쪽에 기념품 가게와 성당이 나오므로 거기서 만나자고 했다. 그래서 왼쪽을 살피며 내려갔는데 집이 하나 나왔지만 가게 같지 않고 성당도 보이지 않아 그냥 통과했다. 석교 씨와 승호 씨도 보이지 않아 좀 더 내려가야 하는 것으로 여겼다. 운영자의 에스코트 차량도 보이지 않았다. 약 30분쯤 달렸지만 일행들을 만나지 못했다. '아차!' 싶었다. 아까 건물 하나를 지나쳤는데 길짱이 말한 그 기념품 가게였던가 보다. 그곳이 만나기로 한 장소[48]였나 보다. 그러나, 고개 하나를

---

47. Av. Castilla, 32, 27670 Pedrafita do Cebreiro, Lugo, 스페인.
48. Iglesia de San Esteban de Liñares.

N-VI 길가 소공원. Pidrafita do Cebreiro, Lugo

거의 올라왔고 비가 계속 내려 돌아갈 상황이 아니었다.

일행이 나를 만나지 못하더라도 이 길(LU-633)은 외길이기 때문에 곧 따라올 것으로 여겨 그냥 달렸다. 지대가 높아선지 비바람이 매우 드셌다. 앞으로 나아가기가 무척 힘이 들었다. 우비를 입고 달리는데 바람이 옆에서 불어올 때는 넘어질 것 같았고, 앞에서 불어올 때는 뒤로 밀려날 것 같았다. 바람이 세게 불어 넘어지기 직전에 가까스로 균형을 잡기도 했다. 이번 산티아고 자전거 주행 중 가장 힘들었던 구간이다.

우비를 입었지만 비바람에 바지와 운동화가 흠뻑 젖었다. 그런데 독일인 3명은 자전거 양쪽에 큰 가방을 달고도 꾸준히 달렸다. 텐트를 가지고 다니며 캠핑을 한다는데 자전거에 짐을 많이 실어 빨리 달리지 못하는지 속도가 나와 비슷했다. 그들과 몇 차례 앞서거니 뒷서거니를 반복하며 달렸다. 그렇게 고군분투하며 달리는데 조금 올라간 고갯길 우측에 상가가 나왔다. 가게에 들어가 쉬어 가고 싶었지만 비를 맞아 번거로워 계속 달렸다. 달리다 보니 운영자의 승합차가 뒤에서 크락션을 울리고 다가왔다. 아까 말한 고개 아래의 성당으로 가서 운영자가 일행들과 나를 기다렸으나 내가 오지 않아 통과한 것으로 판단하고 달려왔다는 것이다. 그 차량이 앞에서 에스코트하여 따라가다 보니 몇 차례 오르내리기를 반복하다 오후 4시경, 조그만 마을, 트리아카스텔라에 도착했다.

마을 입구, 길옆에 있는 알베르게[49]로 들어갔다. 40세쯤의 동양 여자가 문 앞에 있다가 우리를 친절하게 맞아 주어 한국인인가 했더니 순례길을 걷는 홍콩인이었다. 그녀는 운영자와 영어로 이야기를 나누었다. 관리인이 없어 잠시 기다렸더니 70대의 여자 관리인이 왔다. 그 관리인에게 여권을 제시하고 숙소를 배정받았다. 나는 침대가 나란히 있는 쪽보다 안쪽으로 들어가 있는 곳, 조금 여유가 있는 공간의 침대를 선택했다. 이번 여행에서 내가 나이가 많아선지 일행들이 자리 양보를 잘 해주어 고마웠다. 그들은 그런 나 때문에 상당히 불편했을 텐데 고맙게도 잘 참아주었다. 내가 좀 나은 침대 자리를 고르는 것은 틈틈이 일기를 써야 하기 때문이다. 또, 카메라와 일기장, 책 등 가져온 물건이 많아 세 개의 가방에 담았는데 정리할 것도 많다.

내 앞 침대는 2층으로 되었는데, 아래에는 70세 이상으로 보이는 노인, 그 위에는 그의 아내인 듯한 여자가 누워 있다. 국적을 물으니 스위츠랜드라고 답했다. 스위스인들은 스위츠랜드라고 했다. 그 노인

---

49. Pension & Albergue Lemos. 알베르게 겸 펜션.

우리가 묵었던 스페인 Lugo주 Triacastela의 Pension & Albergue Lemos

남녀는 부부였다. 나는 마음에 여유가 없어 무표정한 얼굴로 건조하게 말했는데 그 노부부는 부드러운 표정으로 친절하게 말해주었다. 선진 국민이기 때문인지, 그들의 생활습관 덕택인지 그렇게 밝은 표정으로 친절하게 말하는데 우리 한국인들은 표정이 굳어 있고 억양도 사무적이다.

알베르게의 욕실에 들어가 몸을 씻고 나오니 침실 바닥에 세면실을 드나들며 묻혀온 물이 지저분했다. 세탁실에 가서 세탁하려고 내놓은 타올을 몇 장 갖다 깔아 놓았더니 좀 나았다. 비에 젖은 운동화를 세탁실에서 빨아 물을 짜냈다. 휴게실에 가니 서양인 둘이 운동화를 전자렌지에 말렸다. 나도 운동화를 전자렌지에 말리려고 넣었더니. 식품을 익혀 먹는 렌지에 그러면 안 된다고 길짱이 만류하여 창문 밖에 내놓았다.

저녁 식사는 승호 씨가 밖에 나가 마트에서 구입해 온 라면을 이 알베르게의 주방에서 끓여 먹었다. 비록 라면과 오뎅이지만 입맛에 맞아 맛있게 먹었다. 식사 후, 마을 안쪽의 상가로 가서 BAR에 들어갔다. 4~5평의 홀에 20여 명이 가득히 자리하여 이야기가 무성하다. 상당히 소란스러웠지만 여기서 다시 와인과 맥주를 마셨다.

알베르게로 돌아와 일행은 침실로 가고, 나는 혼자 양주를 꺼내어 식당으로 갔다. 60대의 영국 남자 두 명 옆에 앉았다. 나와 비슷한 연배로 보여 잠시 인사를 나누었다. 그들은 자전거 여행자였다. 오른쪽에는 40대의 젊은 스페인 커플이 앉았다. 나는 영어가 서툴러 단편적인 인사만 주고받았다. 휴대폰 번역기를 이용하면 어느 정도 소통이 가능했을 텐데 그 생각을 못했다. 그들에게 한국에 오면 도움을 주겠다고 내 영문 명함을 주니 영국인은 간직하기 어렵다고 사양했고, 스페인 커플은 아무 말없이 받아 갔다. 외국인을 벗으로 만든다면 재미있는 외국 여행을 할 것 같은데 언어가 문제다. 술을 주변 사람들에게 권했으나 대부분 사양하여 혼자 마셨다.

이번 여행에 함께 온 우리 일행들과는 대화다운 대화를 나누지 못했다. 이번 라이딩을 위해 만난 사람들이라 우의니 친분이 두텁지 않았고 성향도 잘 몰라 별로 할 말이 없었다. 더구나, 내가 주행 중 자주 따라가지 못하여 그들의 마음이 불편, 나와 대화를 하고 싶지 않았을지도 모른다. 어쩌면 그들끼리 있을 때, 나 때문에 불편했던 점들을 성토했을 수도 있다. 나도 성격이 밝지 않고 화통하지 못하여 일행들과 편하게 어울리지 못했다. 그래서 그런지 그들은 내가 질문해도 대답을 시원하게 해주지 않았다. 운영자는 처음부터 자세한 말을 하지 않았다. 운영자가 길짱에게는 여행비라도 조금 깎아주었는지, 길짱은 운영자의 뜻에 따르는 걸 우선하였다. 모두 이 여행을 위해 만난 입장이라 대화는 사무적인 말하기에 불과했다.

옆에 있던 외국인들이 10시쯤 모두 침실로 들어가고 나만 식당에 남아서 사적인 일로 한국의 지인들과 보이스톡으로 통화했다. 와이파이가 잡혀 카톡(보톡)이 무료이고, 술이 약간 취하니 누군가에게 나의 상황을 말하고 싶어 통화를 시도한 것이다. 스페인은 10시이지만 한국 시간은 새벽 5시다. 가깝게 지내는 친구들에게 전화했더니 3명만 통화가 되었다. 11시가 지나자 알베르게를 관리하는 아낙이 식당의 문을 닫아야 한다고 하여 침실로 돌아와 잠을 청했다.

여행을 마치고 여행기를 쓰느라 이 알베르게를 인터넷으로 검색해보니 1층은 알베르게로 쓰고 2~3층은 펜션(민박)으로 쓰는 건물이었다. 그런데 운영자는 우리의 방을 얻지 않고 알베르게를 이용하도록 했다.

제16장

포르토마린의 미뉴강 건너 팔라스데레이로

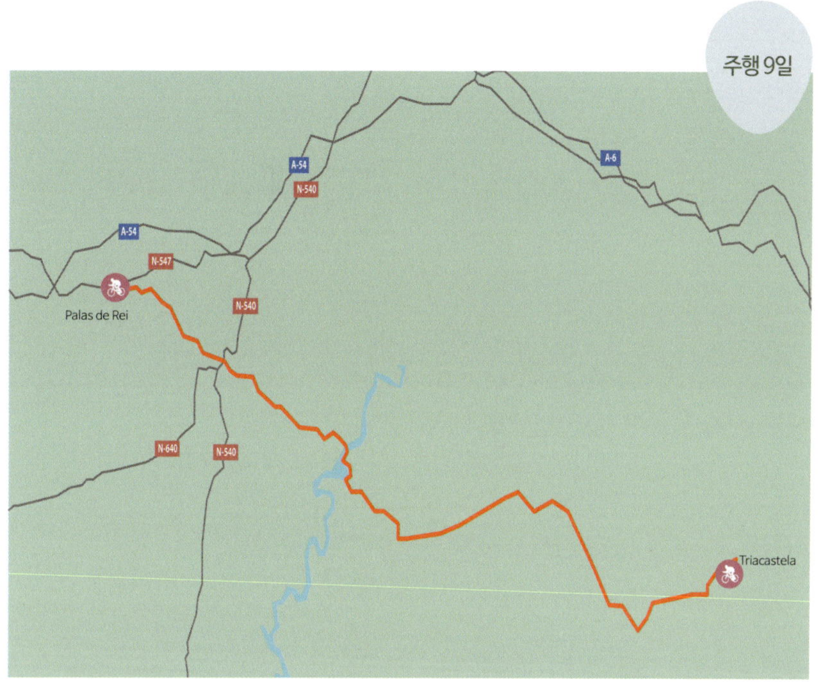

트리아카스텔라 → 사모스 → 사리아 → 포르토마린 → 팔라스데레이 : 86km 이동

알베르게에서 아침 식사도 하지 않고 출발했다. 자전거를 타고 가다 보니 앞에 가는 두 사람이 어젯밤 식당에서 이야길 나누던 영국인들이었다. 그들은 자전거 양쪽에 큰 가방을 달았기 때문인지 속력을 내지 못했다. 그들을 앞질러 LU-633번 길로 10km쯤 달리다 사모스 산기슭을 돌아가니 수녀원 옆에 알베르게 겸 BAR[50]가 나왔다. 아침 9

---

50. Samos, Lugo, TRAS DO CONVENTO. Mosteiro de Samos 앞

바르셀로나에서 생장가는 열차에서 본 마른 풀

스페인 서부 레이리즈는 푸른 들

시다. 아침 식사로 빵을 먹었다. 이 식당의 서쪽 산기슭에 사모스의 공원묘지가 있는 한적한 곳이다.

사모스를 지나 포르토마린을 향하여 달려가는데 산의 능선 위로 해가 맑게 떠올랐다. 어제 비가 많이 내리더니 날씨가 개었다. 10월 21일의 늦가을인데 이곳의 들엔 뜻밖에도 풀들이 파랗게 남아있다. 여기에 오기 전에는 풀이 갈색이어서 가을 풍경을 보고 왔는데 이 서부 지역으로 오니 아직도 들이 푸르러 봄같은 분위기였다. 스페인 동부는 지중해성기후이고 서부는 해양성기후라서 그럴까? 그러나, 프랑스 생장에서도 푸른 풀밭을 보았는데 스페인의 중북부는 풀들이 갈색이었다. 이곳 서부 레이리즈는 들이 파랗다. 고지대와 저지대의 차이였을까?

날씨가 개이자 승호 씨도 자전거로 달렸지만 길짱은 오늘도 허리가 아파 자전거를 타지 못했다. 석교 씨와 셋이 달려가는데 사리아 시내의 사거리에서 승호 씨와 석교 씨가 보이지 않았다. 두 사람이 보이지 않았지만 직진했을 것으로 판단하여 곧장 갔는데 두 사람이 계속 보이지 않았다. 길을 잘못 왔다는 판단이 들어 도시락 앱(eSIM)[51]을 가지고 있는 길짱에게 전화를 걸었다. 위치를 알려주고 기다리니 차를 타고 운영자가 왔다. 두 사람이 사거리에서 좌회전한 걸 보지 못하여 일행을 놓친 것이다. 일행들이 멀리 갔으니 차를 타고 가자하여 자전거를 차에 싣고 탔다.

사리아 시내를 벗어나 시골길을 달리는데, 아침에 보았던 영국인

---

51. 해외 여행시 데이터로밍이나 유심 서비스를 제공하는 앱.

둘이 자전거로 달리고 있다. 먼저 갔던 승호 씨와 석교 씨는 주행을 멈추고 스페인 자전거 여행자 3명과 이야기를 나누고 있다. 서로 길을 질문했던 것 같다. 여기서부터 자전거를 타려 하였으나 운영자는 오르막이 거듭 나오니 포르토마린까지 그대로 점프하자고 했다. 나 때문에 일행들이 늦어질까 봐 그대로 갔다. 포르토마린 시내에 들어가기 전, 강폭이 꽤 넓은 미뉴강의 다리를 건넜다. 물이 많이 흐르는 건 아니었지만 넓은 자갈 밭이어서 강폭이 상당히 넓었고 다리 높이도 매우 높았다. 다리의 길이가 100m는 돼 보였다.

강을 건너니 돌을 쌓아 고가교로 만든 삼거리의 교차로가 나왔는데 구조가 특이했다. 교차로의 중앙은 돌판으로 쌓아 계단을 만들어 윗

포르토마린 입구의 교차로

포르토마린으로 건너가는 미뉴강 다리

마을로 올라갈 수 있고, 좌우의 길은 차가 통과되도록 만든 특별한 디자인의 고가교였다. 그 아래는 터널처럼 차량이 좌우로 통행하도록 아치 형태로 만든 삼거리다. 그 고가교 방향을 배경으로 사진을 촬영하며 쉬었다가 점심을 먹기 위해 운영자가 안내하는 강변의 식당으로 갔다. 그러나, 문이 닫혀 있다. 오후 3시에 문을 연다는 쪽지가 출입문에 게시되어 있다. 우리가 도착한 시각은 11시 46분이었다.

그래서 지대가 조금 높은 위쪽, 상가가 있는 쪽으로 가다 보니 아파트형 건물 벽에 알베르게라고 씌어 있다. 그 앞을 지나 식당을 찾아가 점심을 해결하고 주차한 곳으로 내려오는데 동양 남자가 서양 남자 두 명과 이야기를 나누면서 걸어오는데 한국인 같아서 "안녕하세요." 하고 인사했더니, "한국 사람이군요." 하고 반갑게 인사를 받았다. 그들은 순례자 복장이 아니었다.

아까 보았던 교차로 아래, 미뉴강 쪽으로 내려가니 순례길의 이정표가 크게 게시되어 있다. 그곳에 도보 여행을 온 한국 여자 두 명이 있어 사진을 촬영해 주었다. 사람도 별로 없는 이곳에서 한국인을 두 번이나 만났다. 세계 어딜 가든지 한국인을 쉽게 만날 수 있다. 한국인의 활동 무대가 세계로 넓어진 것 같다.

승합차에서 자전거를 내려 일행들과 자전거 주행을 시작했다. 허술한 민가와 조그만 마을을 지나 시골길을 달렸다. 도보자들이 많아 자전거를 천천히 타고 갔다. 낮은 야산을 오르니 양쪽이 밭이다. 어디서부터였는지 승호 씨도 차에서 내려 자전거를 타고 뒤에서 따라왔다. 우리는 자전거로 가기 때문에 주로 차도를 이용하는데 도보 여행자들은 비포장의 좁은 산밑 길을 한 줄로 길게 걸었다. 10명 이상의 단체였다.

마을과 마을이 가까워지며 집이 많아지자 걸어가는 여행자들도 점점 늘어났다. 산티아고가 가까워지니 여러 곳에서 사람들이 몰려오는 것 같다. 자동차 도로에서 시골길처럼 좁고 구불구불한 길로 팔라스데레이 시내로 들어왔는데, 에스코트 차량과 길이 어긋났다. 시내의 길가에서 잠시 기다리니 승호씨와 길짱이 자전거를 타고 달려왔다. 잠시 후, 운영자는 차를 몰고 와 팔라스데레이 관광사무소[52] 앞에 주차한 후 숙소를 잡기 위하여 건물이 밀집된 위쪽으로 올라갔다. 시청사의 2층 발코니에 3개의 국기(國旗)가 게양되어 있는데 스페인 국기가 가운데에서 펄럭이고 있다.

---

52. Oficina Municipal De Turismo De Palas De Rei.

팔라스데레이 관광사무소

호스텔 창밖 풍경

　운영자가 숙소를 구하러 간 사이, 기다리는 시간에 순례길 이정표를 보려고 차 안으로 들어가 가방을 뒤졌다. 그러자, 석교 씨가 "뭘 찾으려고 그러나!" 하고 큰소리로 못마땅하다는 듯이 말했다. 내가 하는 일에 굳이 간섭할 필요가 없는데 너무 심하게 말한다 싶어, "왜 내가 하는 일을 그렇게 간섭하나요!" 하고 볼멘소리로 대꾸했다. 그도 기분이 언짢았는지, "아! 이제 말하지 말아야지."라고 한 후, 더 이상 말하지 않았다. 다행이다. 서로 감정이 상해 언쟁이라도 했다면 앙금이 깊어졌을 텐데, 그가 참아 주어 다행이다. 나중에 생각해 보니 내가 가방을 뒤지다 자신의 자전거에 기스를 낼까 봐 그랬던가 보다. 그의 자전거는 고급 부품으로 조립한 고가(高價)의 자전거였다.

　20분쯤 지난 뒤 운영자가 와서 호스텔[53]로 안내했다. 건물의 맨 아래의 주차장에 승합차를 주차하고 차 안에 자전거를 넣고 호스텔의 방으로 들어갔다. 좁은 계단을 통해 2층 방으로 들어갔는데 이 호스텔에서도 석교 씨는 창가의 침대를 내가 쓰도록 양보해 주었다. 그가 늘 양보해주는 것 같아 미안하고 고마웠다. 어제 빨아서 마르지 않은 운동화를 말리려고 창문을 열고 밖에 내놓았다. 창밖으로 나즈막한 동산이 보이는데 그 숲 위의 하늘에 뭉게구름이 하얗게 보였다. 모처럼 맑은 하늘을 보니 시야가 시원했다.

　공기가 맑아선지, 비가 개여선지 하늘이 파랗고 구름은 새하얗다. 독일이나 프랑스도 날씨가 비슷하다. 비행기를 타고 가다 북유럽 상공에 이르면 목화송이 같은 구름 덩이가 하늘에 둥실둥실 깔려있는

---

53. ARENAS PALAS의 숙소

걸 볼 수 있다. 지구가 23.5도 기운 채 자전(自轉)하기 때문에 구름이 북구(北歐)쪽으로 많이 모여 생기는 현상인가 싶다. 북유럽 사람들은 구름이 해를 자주 가리기 때문에 햇볕을 반갑게 여겨 모자를 거의 쓰지 않는다. 비도 잠깐잠깐 내리고 금세 맑아져 비가 갑자기 내려도 대부분 뛰지 않는다. 아마도 덩어리진 구름이 많아서 그런가 보다. 그러나, 북유럽에 구름이 많이 끼는 것은 지구의 기울기가 직접적인 원인이 아니고 북대서양 해류가 따뜻한 공기를 북상시켜 습기를 공급하기 때문이라 한다. 다만 지구의 기울기가 해양과 대기의 상호작용을 증폭시키는 영향은 있단다.

이 호스텔은 1층에 식당도 함께 운영하여 식당으로 내려가서 저녁을 먹었다. 저녁을 먹고 상가로 나가 BAR에서 또 커피와 와인을 마셨다. 약간 어둡고 좁은 실내라서 여러 나라 사람들의 이야기가 실내를 가득 채웠다. 앉아 있는 사람들의 대부분이 순례길의 여행자로 보였다. 음식 먹는 홀 안의 진열장에는 많은 목각 인형들이 전시되어 있다. 잠시 앉아 있다가 호스텔로 돌아왔다.

팔라스데레이의 바(BAR)에 있는 정관물(목각 인형)

BAR에서 주문한 카푸치노

트리아카스텔라의 BAR

제17장

목적지, 산티아고 대성당 도착

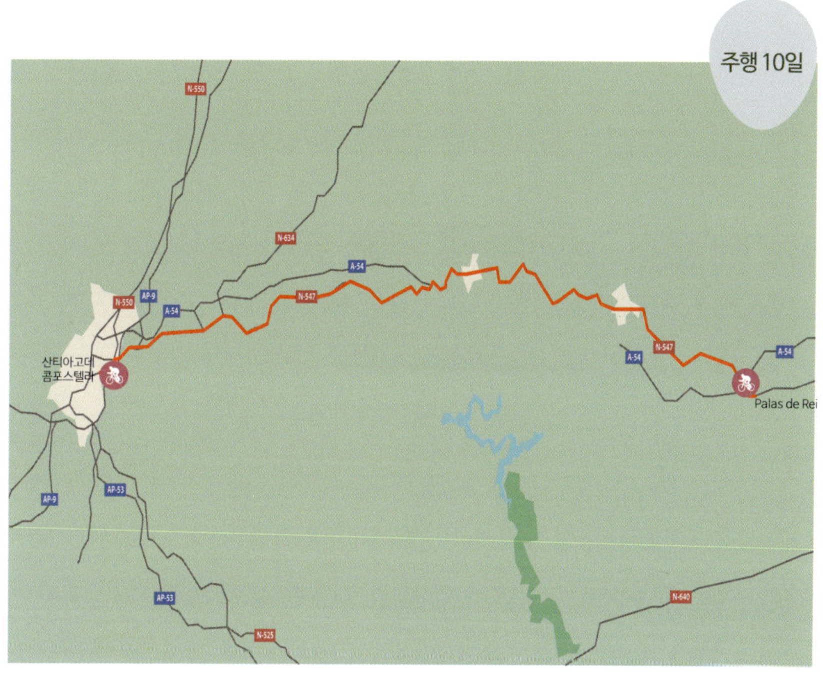

팔라스데레이 → 멜리데 → 아르수아 → 산타이레네 → 산티아고데콤포스텔라 : 68km

　아침 8시 15분. 날이 아직 밝지 않았지만 승합차에서 자전거를 꺼내 팔라스데레이에서 출발했다. 승호씨는 승합차를 타고 가다가 중간에 라이딩을 하기로 했고, 길짱은 부상 때문에 라이딩을 못해 석교 씨와 둘이서만 자전거로 출발하게 되었다. 어두워서 라이트와 후미등을 켜고 1시간쯤 달리니 날이 밝았다.

아르수아 연립주택 벽의 광고

오늘은 우리의 목적지인 산티아고데콤포스텔라에 도착하는 날이다. 거리는 약 64km로서 그리 멀지 않고 높은 곳이 별로 없는 평탄한 길이라 한다. 출발할 때는 완만한 내리막이었는데 잠시 후에는 곧바로 오르막이 나왔으나 길지는 않았다.

멜리데를 지나고 아르수아 주택가를 지나는데 건물 벽에 배낭을 메고 지팡이를 든 중년 남성의 상체(上體) 그림이 6층 건물 벽에 아주 크게 그려져 있다. 그림 속의 글씨는 LAS·ESTRLLAS DEL·CAMINO(길 위의 스타들이라고) 씌어있다. 도로 가에 주차된 차량들 때문에 자전거로 가기가 위험하여 보도(步道)로 올라가 시가지를 통과했다.

N-547번 길의 약간 경사진 오르막을 오르다가 길가에 쉴만한 공간

이 나왔다. 산타이레네 약 1km 직전의 주택 앞에 주차가 가능한 공간이 있어 운영자가 차를 주차하여 일행들도 멈추었다. 길옆 민가[54]의 대문에 자전거를 기대놓고 간식을 먹으며 잠시 쉬게 되었다. 자전거 안장 위에 물통을 얹어놓고 빵을 먹는데 자전거가 기울면서 물통이 땅으로 떨어졌다. 그런데, 하필 물병이 철제 대문에서 민가 안으로 떨어졌다. 대문은 잠겨 있고 집안에 사람이 없다. 대문을 넘어가 물통을 주워 오려고 했더니 일행들이 말렸다. 쎄컴이 작동되면 보안업체에서 달려올 거고, 적발이 되면 조사받느라 오늘 산티아고에서 떠나지 못하게 된다며 극구 말렸다. 물통을 포기하라고 했다.

그런데 이 물통은 이번 여행을 위해 17,000원에 새로 사 온 거다. 그대로 포기하기 싫어 주변에서 막대기를 주워 와 대문 사이로 넣고 물통을 가까이 끌어왔다. 젓가락으로 반찬을 잡듯이 막대기 두 개로 기울어진 물통을 잡아 세웠다. 이제는 문틈으로 손을 넣고 잡아 꺼내면 된다. 그런데 내 팔이 짧아 아슬아슬하게 잡히지 않았다. 키가 커 팔이 긴 사람이면 손을 뻗어 꺼낼 수가 있겠다 싶어 길짱에게 부탁했더니 다친 가슴이 아파 안 된다고 했다. 그래서 옆에 있던 운영자에게 부탁했다. 운영자가 잠시 머뭇거렸다. 다시 사정하자 철문 사이로 손을 뻗어 물통을 잡아 꺼내고, "집념이 대단하십니다."라고 말하며 웃었다.

그래서 평소 나의 지론을 꺼냈다. "아직 다하지 않았는데 포기하는 건 지혜롭지 못하지요. 방법을 찾으면 해결될 수 있는 것을 시도해 보

---

54. N-547,21,15823 El Pino, La Coruna, spain

물통을 떨어뜨린 민가 대문 앞

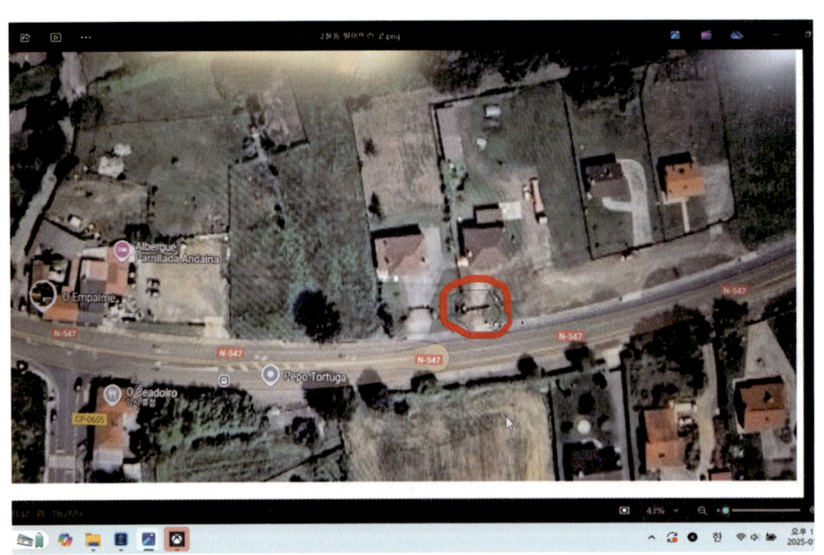

○ 표시된 곳이 옆 민가의 대문

지 않고 미리 포기하는 일이 있습니다. 그럴 때 나는 포기하기 전에 방법을 찾으려고 노력하여 문제를 해결했던 경우가 여러 번 있습니다.” 하고 호기롭게 말했다.

오늘은 자전거 주행이 끝나는 날이고, 조금만 더 가면 목적지가 나오기 때문에 물통이 없어도 불편하지 않아 포기할 수도 있다. 그런데 물통을 건졌으니 오늘 커피 한 잔 사겠다고 약속했다. 그래서 이날 산티아고에 도착하여 저녁을 먹으면서 와인을 한 병 샀다. 평소 식당에서 3~5유로이던 와인 값이 산티아고의 레스토랑에서는 15유로였다. 2만 원도 더 썼으니 물통값보다 더 쓴 셈이다. 그래도 물통을 잃지 않았으니 마음이 개운했다. 그걸 꺼내지 못하고 그냥 왔다면 오랫동안 아까워 했을지도 모른다. 귀국한 뒤에 구글 지도에서 그 지점을 찾아 위성 사진으로 그 집과 대문을 확인했다. 2차선의 넓지 않은 길이고 한적한 시골인데도 지도에서 그 집을 찾을 수 있었으니 정말 놀라운 세상이다.

석교 씨와 산길을 달려 오르막에 올랐다. 그는 속도가 빨라 먼저 갈 수 있지만 고맙게도 뒤에서 따라오며 속도를 맞추어 주었다. 날씨가 흐려 곧 비가 내릴 것 같았다. 곧은 길을 달리다가 산티아고데콤포스텔라 표지판을 좌회전하여 돌아갔다. 길가에 조성한 꽃밭에 파란 잔디와 붉은 꽃이 피어 있다. 세계적인 관광지이기 때문인지 길가에 꽃과 나무의 조경을 잘 해놓았다. 많은 인파가 한 방향으로만 몰려가고 있다. 그들을 따라가면 대성당으로 갈 거라고 짐작하여 길을 확인하지 않고 인파 사이로 자전거를 타고 빠져 나갔다.

산티아고 시내로 들어가니 많은 사람들이 그야말로 물밀듯이 흘러

산티아고 시내로 진입하는 보도(步道)와 잔디밭

갔다. 골목길로 1km쯤 굽은 길을 달려가다가 사각 돌의 포장로를 지나 건물 사이의 골목길로 1~2km를 달려가니 성당으로 보이는 건물의 지붕이 보였다. 그 자리에서 사진을 촬영하고 가자니, 석교 씨는 빨리 가야 한다며 멈추지 않고 달렸다. 목적지에 빨리 가고 싶기 때문인지, 비가 올 것 같기 때문인지 빠르게 달렸다. 특별하거나 인상적인 장면이 나오면 촬영하고 싶지만 그를 따라가느라 멈출 수가 없었다. 일행들은 산티아고 성당에 도착하는 목표만 중시하고 주변을 살펴보는 일에는 별로 관심이 없었다.

그와 너무 떨어지면 길을 잃을 수 있기 때문에 여유를 부리지 못하고 그를 따라가느라 쉬지 않고 달렸다. 하늘엔 먹구름이 가득 차, 어둡고 음산하더니, 빗방울이 한두 방울씩 떨어졌다. 좁은 골목길을 지나가니 왼쪽에 산티아고 대성당 석조 건물이 길게 이어져 있다. 드디어 목적지인 산티아고데콤포스텔라 대성당에 도착한 것이다. 12시 30분이다. 68km를 4시간쯤 걸려서 달려왔으니 의외로 빨리 왔다. 길이 대부분 평지라서 속도를 낼 수 있었다.

대성당의 광장에는 많은 순례자와 관광객들이 성당의 파사드[55]를 바라보며 서 있다. 또는 광장에서 성당을 배경으로 사진을 촬영하거나 성당 맞은편에 있는 회랑에서 성당의 건물을 지켜보고 있다. 돌로 포장된 광장에 돌로 지은 대성당, 웅장한 석조 건물이다. 큰 새가 날개를 좌우로 펼치고 앉은 것처럼 건물이 좌우로 길게 뻗어 있고 가운데 파사드의 양쪽으로 종탑이 있다. 가운데에 첨탑이 있는데 조각품

---

55. Façade[프랑스어] : 건물의 장면, 외벽이나 출입구, 출입구가 있는 면.

부슬비가 내리는 산티아고데콤포스텔라 대성당 앞

잠시 비가 개인 산티아고데콤포스텔라의 하늘과 대성당

들이 현란하게 솟아있다. 성당 앞의 넓은 광장에는 많은 사람들이 사진을 촬영하거나 성당 건물을 바라보며 서 있다.

성당의 중앙에는 3개의 첨탑형 건물이 높이 솟아있는데 그중 가운데는 카라카탑이고, 양쪽으로 대칭을 이룬 건물은 종탑이다. 이 가운데 건물은 양쪽의 종탑보다 조금 낮지만 중앙으로서 여러 개의 조각들이 받치고 있는 로마네스크양식이다. 양쪽의 첨탑형 건물은 고딕양식으로 대칭을 이루고 양쪽으로 솟아, 위용과 웅장함이 긴장감을 갖게 했다. 이 고딕형 건물에는 층층마다 기둥과 문이 있고 지붕은 바로크식 돔형인데 신라 왕관의 꼭대기에 화려한 장식을 달아놓은 것처럼 아름다운 조형물과 조각들이 지붕에 솟아 있다.

중앙의 첨탑형 건물은 여러 건축 양식이 가미되어 다양하고 아름다운 형태다. 하나하나 살펴보려니 눈길을 돌리기가 어려웠다. 아는 만큼 느낀다는데 가이드 없이 온 여행이라 설명을 들을 수 없어 아쉬웠다. 가장 가운데에 있는 건물의 지붕 아래는 종각이나 종루로 보이는데 종(鐘) 대신에 지팡이를 들고 있는 사람이 보였다. 자세히 보아야 그 모습이 보이는데 순례하는 야고보를 표현한 것이라 한다. 성당의 건물이 레고로 조립한 모형처럼 여겨지기도 하지만 워낙 대형으로 만들어진 건축물이라 그 웅장함과 섬세함이 엄청난 공력으로 빚은 작품으로 여겨졌다.

성당 앞, 회랑에서 파사드를 바라보니 화려하게 조각된 지붕과 매끈하게 세운 기둥, 여러 개의 아치형 문들이 집이라기보다는 거대하고 정교한 조각품이라 해야 할 자태다. 어떻게 저 큰 건물을 그토록 세밀하게 조각해 놓았을까? 건물의 대부분을 석재로 벽돌처럼 쌓아 만든 우람한 이 성당은 중세의 큰 성(城) 같기도 하고 엄청나게 큰 조각 작품 같기도 했다.

그런데 아쉽게도 짓궂은 부슬비가 촉촉히 내렸다. 이 성당까지 오느라 비행기로 이틀을 날아왔고 열흘 동안 800km를 달려왔다. 일행들과의 서먹서먹한 관계로 2주일의 여행 동안 스트레스를 받기도 했는데 그렇게 소망하던 목적지의 성당 앞에 서니 감개가 무량하여 목으로 뜨거운 김이 올라오고 눈시울도 뜨듯해졌다. 성당을 주시해서 바라보니 양쪽으로 펼쳐진 건물이 나를 안아주고자 팔을 벌린 것 같다. 그야말로 그 자태나 조각의 모양들이 화려하고 다양하여 인류 역사에 길이 남을 건축물이란 생각이 들었다.

성당 맞은편 회랑 쪽으로 가니 운영자가 북적거리는 사람들 사이에 서 있다가 다가와 사진을 촬영해 주었다. 그는 산티아고에 와 본 일이 있어선지 표정에 별다른 감흥이 보이지 않았다. 그는 이런 말을 했다. "걸어서 온 순례자들 중에는 이 성당에 도착하여 감격의 눈물을 흘리는 경우가 있는데 자전거로 온 여행자 중에는 눈물을 흘리는 걸 보지 못했습니다."라고 했다. 그럴 것 같다. 도보 여행자 중에는 다리를 절뚝거리는 사람들이 있었지만 자전거로 온 사람 중에는 그런 사람을 보지 못했다. 자전거도 인류가 발명한 우수한 기계이고 문명의 도구이기 때문에 걷는 것보다는 훨씬 힘이 덜 들고 편한 게 사실이다. 다만 고통이 적었으니 완주의 기쁨도 적었으리라.

한국에서 비행기로 이틀 걸려 스페인에 왔고, 자전거로 열흘을 달려오느라 힘겨운 상황도 적지 않았다. 필자는 자전거 타는 기량이 부족하고, 자전거 성능이 좋지 않아 일행들을 따라가느라 무척 힘이 들었다. 일행들과 자주 떨어져 그들이 나를 기다리게 만들었고, 길을 잃어 차량으로 점프하는 상황도 몇 번 있었다. 일행들은 속도가 느린 필자 때문에 불편한 점이 많았으리라. 자전거 라이딩에 대한 지식도 부족하여 그들에게 무시당하는 일도 있었는데, 부끄럽기도 했고 스트레스도 받았다. 그러나 그들이 나에게 대놓고 나무라거나 탓한 적은 없다. 그래서 다투지 않고 목적지까지 왔으니 다행스런 일이다.

사진을 촬영하고 잠시 서서 기다리니 승호 씨와 길짱이 도착했다. 승호 씨는 자전거를 타고 달리는 걸 보았는데, 길짱은 보지 못했다. 그런데 길짱도 이 성당에는 자전거를 타고 들어왔다. 길짱도 마지막 결승선인 산티아고 성당에는 자전거로 입성(入城)하고 싶었나 보다. 부상당한 후반에는 차로 점프했는데 목적지를 자전거로 들어왔으니 다행이다.

산티아고에 도착한 직후보다 빗방울이 더 굵어지고 점점 세게 내렸다. 자전거 라이딩으로 힘든 과정을 거쳐 목적지에 왔으니 환호라도 지를 만한데 일행들은 모두 조용했고 평온했다. 감상이나 감회에 젖어 있기 때문일까? 날씨가 흐리고 비가 내리기 때문인지, 일행들과 친밀감이 적어서 그런지, 일행들의 표정이 날씨처럼 밝지 않았다. 서로 축하한다며 손을 잡고 흔들거나 악수라도 할 법한데 아무도 기분 좋은 표현을 하지 않았다. 광장과 회랑에 있는 사람들도 대부분 멀건히 성당의 지붕을 바라보거나 조용히 휴식을 취했다.

산티아고 성당에 관한 자료를 확인해 보니, 이 성당의 높이가 75m, 길이는 97m, 폭은 70m, 면적은 8300m²(약 2100평)이다. 이 성당이 스페인에서 가장 규모가 큰 성당이라고 한다. 세계적인 건축가 가우디에 의해 1075년에 시작된 이 성당의 공사가 1차 완성된 게 1122년으로서 47년이 걸렸고, 현재의 모습으로 조성된 건 1211년이라니 130년이 더 걸렸다. 그리하여 스페인에서 최대 규모요 최대 걸작의 로마네스크 양식의 작품이 된 것이다. 천년의 연륜만큼 고색창연한 건물의 위용은 종교의 힘과 성스러움에 대해 충분히 감동하게 만들었다. 이 성당은 세계 기독교인들의 3대 성지이며 세계문화유산으로서 유럽에서 가장 손꼽히는 불후의 명작이라고 말해도 지나친 과장은 아니리라.

산티아고에 도착하면 호텔에서 몸을 씻으려고 호텔에 가기로 했는

회랑 안에 자전거를 놓고 쉬고 있는 모습

데 요금이 비싸다고 운영자가 망설였다. 우선 점심을 해결해야 하기 때문에 자전거를 끌고 성당 아래의 시가지로 내려와 식당으로 갔다. 부슬비는 계속 내렸다. 자전거를 식당 옆 건물의 처마 아래 세워 놓으니 그 건물(카페) 종업원이 다른 곳으로 옮기라고 했다. 우리가 들어간 식당 벽에 자전거를 기대 놓으니 비를 맞지만 어쩔 수 없었다.

 식당에서 늦은 점심을 먹고 자전거를 분해하기 위해 민가의 지하 주차장으로 갔다. 주민의 항의가 있어 양해를 구하고 각자 자전거를 분해했다. 맨 먼저 페달을 빼야 하는데 페달의 나사를 너무 세게 조였는지 영 풀리지 않아 프레임에서 바퀴부터 뺐다. 먼저 바퀴를 빼고 핸

산티아고 대성당 앞 아케이드 구조의 회랑

들을 풀어 놓았는데 페달이 빠지지 않아 운영자에게 도움을 청했다. 그가 설명해 준 대로 했으나 페달의 나사는 좀체로 풀리지 않았다. 운영자는 서서 작업하는 걸 지켜보기만 했다. 자전거라도 붙잡아 주면 한결 일이 쉬우련만 그저 멀건히 서 있다. 결국 분해를 마친 석교 씨가 와서 도와주었다. 바퀴를 다시 끼우라고 하여 바퀴와 핸들을 정상으로 조립해 놓고 페달을 빼려 하였으나 빠지지 않았다. 그러자, 길짱이 렌치에 끼울 파이프 도막을 가져와 페달에 파이프를 끼우고 밟아 간신히 뺐다.

다른 세 사람은 자전거의 분해를 모두 마쳤는데 나만 못해 일행들에게 미안했다. 석교 씨의 도움을 받아 자전거를 분해한 후, 박스에 넣고, 박스 공간에 옷과 소지품을 모두 집어 넣었다. 티셔츠만 입고 밖으로 나가니 비가 내리는 날이라 바람이 상당히 차가웠다. 겉옷을 모두 박스 안에 넣어 입을 옷이 없었다. 다행히 승호 씨가 점퍼를 빌려줘 그걸 입고 추위를 면했다.

순례자 인증센터로 갔다. 건물 입구에는 완주 인증서를 받으려는 사람들이 길게 줄을 섰다. 운영자가 알아보고 오더니 한국인들은 여기서 줄을 서지 않고 사무실이 있는 곳으로 바로 가도 된다고 하여 이동했다. 컴퓨터에 인적 사항을 입력해야 한다는데 도저히 어떻게 해야 할지 몰라서 운영자에게 맡기고 기다렸다. 절차가 복잡하여 운영자도 쉽게 하지 못해 힘들어 했다. 이런 상황 때문에 개인적으로 자유 여행을 못하고 패키지 여행을 선호하게 된다.

순례인증서를 발급받기 위해 스탬프 카드(Credencial)를 찾으니 어디에 있는지 없다. 스탬프 카드가 없어 인증서를 받지 못할 것 같아 안타까웠다. 자전거를 분해하여 박스에 넣을 때 물품을 모두 넣었는데 그때 스탬프 카드도 함께 넣은 것 같다. 몹시 허탈했다. 물건을 잘 챙기지 못하는 자신이 원망스러웠다. 다시 어깨에 멘 배낭을 내리고 자세히 뒤져 보니, 배낭 안에 있다. 물건을 제대로 찾지 못하고 당황한 것이다.

또 인증서를 받으려면 사무원과 면담해야 하는데 자전거 포장할 때 마스크를 꺼내 오지 않은 것 같아 걱정이 되었다. 그런데 마침 테이블에 주인 없는 마스크가 하나 있다. 그거라도 손수건과 화장지로 감싸, 이용하려고 배낭을 열어보니 비닐 팩에 마스크가 들어있다. 왜 그렇게 물건을 찾지 못하고 당황하는지 모르겠다. 건망증이 너무 심하다. 그만큼 정신이 혼미한 노인이 되었나 생각하니 마음이 아팠다.

인증서 신청시 작성해야 하는 용지가 있다. 작성하다 안내원의 말을 들으니 컴퓨터에 한 사람이 일괄 작성하면 된단다. 운영자가 컴퓨터에 입력하는데, 영어로 작성해야 하니 쉽지 않았다. 운영자가 컴퓨

산티아고 완주 인증서를 교부하는 사무실 앞

터로 작성하고 제출하여 인증서를 받아오며 2유로 50센트를 내고 원통의 케이스를 구입해 왔다. 인증서가 접히지 않도록 케이스에 넣었다. 순례객의 상징인 조가비 목걸이도 받았다.

오늘 밤에 산티아고에서 버스 타고 마드리드에 가, 내일 밤에 인천행 비행기를 타야 한다. 원래는 오늘 산티아고에서 호텔에 들어가 씻고 좀 쉬었다가 버스를 탈 계획이었으나, 호텔에서 자고 가는 게 아니므로 저녁 식사나 잘하고 가자며 식당에 들어갔다. 운영자는 계획했던 호텔 경비를 쓰지 않게 되자, 음식을 후하게 사주기 위해 세트 요리 3가지를 주문했다. 승호 씨는 문어가 먹고 싶다고 추가로 특별 주문했고, 나는 음식에 대해 잘 모르니 운영자에게 알아서 주문해 달라

낮이지만 음산한 날씨, 조명을 밝힌 산티아고 성당 앞 골목

고 했다. 그랬더니 너무 많은 음식이 나왔다. 그런데 왠지 소화가 안 돼 음식을 거의 먹을 수가 없었다. 그러자 운영자가 나 때문에 비용이 많이 들었다고 푸념했다. 나에 대한 배려였는지 모르지만 그가 과도하게 주문한 것이다. 어쨌든 음식이 많이 남아 운영자에게 미안하게 되었다.

산티아고 터미널에서 마드리드로 가는 버스를 타기 위해 승합차에 5명이 함께 탔다. 사람들의 눈길을 피할 수 있는 길가에 승합차를 세우고 우리는 승합차에 얼른 올라탔다. 운전자와 길짱, 승호 씨가 좌석에 앉고 나와 석교 씨는 짐칸에 앉아 산티아고 버스터미널로 갔다.

운영자는 터미널에 석교, 승호, 나, 셋을 내려놓고 길짱을 태우고 마

산티아고 식당에서의 만찬

드리드로 출발했다. 우리 3명은 밤 9시 마드리드행 직행버스를 타기 위해 터미널에서 기다렸다. 기다리는 동안 석교 씨와 승호 씨는 서로 말을 건네지 않았다. 이틀 전부터 서로 말을 않더니 섭섭한 마음이 여전히 풀리지 않았던가 보다.

9시 버스를 탔다. 직행버스가 밤이 새도록 마드리드로 달리는 도중에 두 번이나 중간 터미널에서 쉬었다. 두 번째 터미널에서 화장실에 갔다 와 버스에 오르니 우리 일행이 없다. 버스를 잘못 탄 것 같아서 다른 버스에 올라가 보았는데 거기에도 없다. 승객 중 한 남자가 내가 잘못 탄 걸 알았는지 나를 나무라는 것 같았다. 우리 버스가 아니다. 다른 두 대의 버스에도 올라가 보았는데 우리 일행이 없다. 버스 네 대가 모두 모양과 색깔이 같아서 어느 버스에 내 좌석이 있는지 알 수가 없었다.

버스 앞 유리창 위에 전광판 글씨를 보니 네 대가 모두 마드리드행 이다. 출발지는 나와 있지 않고 목적지만 씌어 있는 것이다. 버스 네 대를 다시 올라가 보았으나 우리 일행은 보이지 않았다. 운전수가 버스에 승차하지 못한 나를 알 수 없기 때문에 내가 타야 할 버스가 출발해 버리면 어쩌나 싶어 몹시 초조했다. 버스를 잘못 타 미아가 될까 봐 서두르고 걱정하며 버스를 오르내렸다. 두세 번 버스에 올라 우리 일행을 찾다가 간신히 승호 씨를 발견하여 내 자리로 돌아왔다.

버스 좌석에 앉으니 피곤하여 졸음이 몰려왔지만 버스가 흔들려 깊은 잠을 이룰 수가 없다. 좌석의 간격이 좁은 데다 배낭을 무릎 아래에 내려놓아 발을 뻗지 못했다. 이동 중에 메모를 하거나 일기를 쓰기 위해 일기장을 허벅지 위에 올려놓았기 때문이다. 다른 이들은 간편하게 가면서 잠을 이루는데 나는 여행기를 쓰기 위해 배낭을 무릎 아래에 두어 좁은 공간에서 잠을 못 이루었다. 잠깐잠깐 졸기도 했으나 이 생각 저 생각으로 메모에 신경을 쓰다 보니 푸근하게 잠들지 못했다. 새벽에는 좀 자고 싶었는데 버스의 흔들림 때문인지 신경이 예민해서 그런지 잠이 오지 않았다. 버스의 좁은 자리에서 떠오르는 생각들을 기록하려니 실내가 어두워 무척 힘이 들었다.

다음날 새벽, 입술이 부르텄다.

산티아고 시외버스터미널 버스 승강장

자전거 여행을 마치고

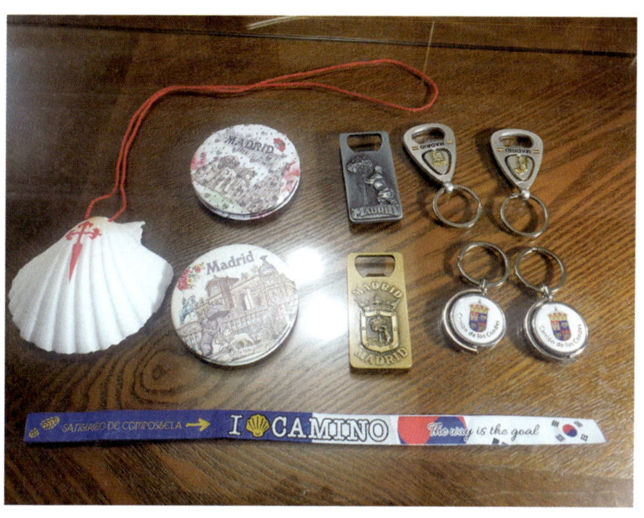

산티아고 순례길에서 구입한 기념품

제18장

스페인 수도 마드리드 시내 관광

마드리드 시내 관광 경로(아토차역에서 스페인광장까지)

버스가 산티아고에서 출발하여 마드리드터미널에 도착한 것은 아침 7시, 버스에서 내려 2층에 있는 카페테리아에 들어갔다. 음식 주문하는 곳에 손님이 길게 줄을 섰다. 석교 씨가 빵과 쥬스를 내 몫까지 사 왔다. 석교 씨에게 유로를 꺼내 주니 받지 않았다. 쥬스와 빵을 먹고 커피를 마셨다. 승합차를 타고 오는 운영자는 마드리드에 언제쯤 도착한다는 전화가 없어 막연하게 기다렸다.

화장실에 갔더니 관리하는 흑인 여자가 있어 "How much?" 물으니 영어를 모르는지 대답이 없다. "one euro" 하니, "yes"로 답했다. 대부분의 사람들은 은색 코인을 요금통에 넣었다. 그건 업소에서 준 화장실 이용 코인 같았다. 요금의 정액은 없는 것 같고, 각기 동전을 요금 통에 적당히 내는가 보다. 우리 나라는 공중화장실 이용시 요금 내는 일이 거의 없기 때문에 돈을 내고 화장실을 이용하는 것에 익숙하지 않다. 아마 돈을 받는 관리인들은 화장실을 청소하고 청결을 유지하는 대가(代價)로 팁처럼 받는 것 같다. 그런 시스템에 익숙치 않아 한국인은 공중화장실 이용시 요금을 내는 것에 거부감을 가져 용변을 참기도 한다. 화장실의 청결을 유지하기 위해서는 관리하는 사람이 요금을 받는 것도 괜찮겠다 싶은데 1유로(약 1500원)의 이용료는 조금 과하다 싶어 참았다.

운영자와 길짱이 도착하기를 기다리다 옆을 보니 혼자 앉아 차를 마시는 30~40세 전후의 여자가 있다. 어느 나라에서 왔느냐고 물었더니 칠레라고 했다. 휴대폰의 번역기를 이용하여 궁금한 것들을 물었더니 친절하게 답해 주었다. 먼저 스위스 여행을 하고, 이탈리아 베니스에 갔다가 마드리드에 왔는데 스페인 여행을 하기 위해 버스를 기다린다고 했다. 갸름한 얼굴, 조용한 표정, 목소리에 품위가 있고 체형이 늘씬한 여성이어서 호감이 갔다. 이름은 나이아 라로니스라는데 내 질문에 친절하게 답해 주었다.

그녀에게 1유로에 구입한 목걸이용 조그만 조가비를 하나 주었다. 하찮은 거지만 고맙게 여기는 것 같아 사진을 함께 촬영할 수 있느냐

빵과 커피로 가볍게 아침을 해결한 마드리드터미널의 카페테리아

고 물었더니 사진은 곤란하고 시를 하나 써 주겠다고 했다. 내 수첩을 주었더니 거기에 스페인어로 글을 적어 주었다. 글씨가 깔끔하다. 휴대폰 앱 파파고로 확인해 보니 번역이 불완전하여 고개를 갸우뚱거리자 그녀는 다시 내 수첩 뒷장에 영어로 써 주었다. 그리고, 자신의 휴대폰으로 번역된 내용을 보여주었다. "사막에서 꽃을 우연히 발견한 것처럼 반가웠다. 차분하고 감사하게 받아들인다."는 내용이다. 그녀가 번역한 앱은 구글이었나 보다.

나는 동료들과 자전거로 산티아고를 다녀왔다는 이야기를 그녀에게 했다. 몇 가지 이야기를 나누었는데. 그녀가 버스 시간이 됐다고 작별 인사를 하고 자리에서 일어났다.

잠시 후, 운영자가 터미널에 도착했다는 전화가 왔다. 터미널 앞 사거리로 오라고 해서 나갔는데 보이지 않아 10분 정도 기다리니 길짱이 나타났다. 다시 운영자의 전화를 받고 길짱을 따라 마드리드 시내로 들어가 아토차호스텔에 들어갔다. 방으로 들어가니 2인용 더블 침대가 하나만 있는 작은 방인데 운영자는 나와 석교 씨랑 둘이 한 침대를 쓰라는 것이다. 석교 씨는 어떻게 한 침대에서 둘이 한 이불을 덮고 자느냐고 자신은 혼자 침대를 쓰겠다고 했다. 그리하여 나와 승호, 길짱, 셋이 같은 방을 쓰게 되었다. 호스텔 관리인이 우리 방에 간이 침대를 하나 더 가지고 와서 침대 옆에 붙였다. 길짱은 가슴뼈가 아프니 혼자서 간이 침대를 쓰기로 하고 나와 승호 씨가 같은 침대에서 한 이불을 쓰게 되었다.

가방과 짐을 호스텔에 두고 밖으로 나와 중화요리 식당에 가서 볶음밥에 중국 맥주를 몇 잔 마셨다. 그리고, 그 이후부터 오후 7시까지

칠레 여인 나이아 라로니스가 써 준 글

이름 :

나이아 라로니스

저도 글을 쓰지만
건축을 공부하는
칠레 산티아고 출신입니다.
즐거웠어요.

① 스페인어

② 영어

② 스페인어와 ③ 영어의 메모 내용
사막에서의 꽃처럼 우연적이고
예상치 못한 만남에
갑자기 떠오르는 생각처럼
행복한 여행의 예상
아무런 감사의 표시 없이
차분하게 받아들입니다.

자유시간이니 마드리드 시내 관광을 하든지 호텔에서 쉬든지 각자 알아서 하라고 했다. 승호 씨는 누군가를 만난다며 길짱과 먼저 나갔고, 석교 씨는 호텔에서 쉬겠다고 하여 오후 3시쯤에 혼자서 마드리드 시내 관광을 나갔다.

마드리드 시내를 살펴보기 위하여 호스텔 관리인에게 지도를 얻었지만 지도의 글씨가 너무 작아 보기가 어려웠다. 호스텔을 나와 우측 큰길로 가니 아토차역이 나왔다. 둥그런 원형 지붕의 건물 아래 주차장이 있는 역(驛)인데 디자인이 세련되어 보였다. 역을 지나 마드리드 왕립식물원이 있는 프라도 대로로 나왔다. 큰길을 따라 11시 방향으로 가다 왕립식물원을 지나니 프라도 미술관이다.

길을 잃지 않으려고 큰길로만 직진했다. 도로명이 파세오델프라도인데 원형교차로에 포세이돈 분수대가 있다. 해양박물관을 지나니 마드리드 시청사가 나왔다. 이 길이 마드리드의 메인도로였나 보다. 또 원형교차로가 나왔는데 시벨레스 분수대가 있는 광장이다. 사거리 오른쪽의 하얀 건물이 우아하다. 화려한 리나레스궁전[56]이다. 조각으로 장식한 네오 바로크 스타일로서 매우 아름다운 건물인데 1992년부터 아메리카의 집(Casa de Américar)으로 사용하고 있다. 내부 관람은 예약제로 운영하기에 들어가지 못했다. 이 궁전의 파사드 구조가 산티아고 성당과 비슷한데 산티아고 성당은 돌이 잿빛이라 고풍스럽고, 리나레스 궁전은 새하얀 백색으로서 여왕의 머리에 얹은 하얀 금관 같은 착각이 될 정도로 아름다웠다.

---

56. 마드리드 시벨레스광장에 있는데, 리나레스 후작을 위해 19세기의 신고전주의 양식으로 지은 궁전.

마드리드의 아토차역

이 마드리드의 주요 거리인 프라도 대로에서 세벨레스 프라자 (Cibeles Plaza)를 지나가게 되었다. 여기서 좌회전하니 기념품 가게가 나와 선물을 사기 위하여 들어가 보았다. 디자인이 마음에 드는 모자가 있어 구입했다. 귀국 후 아들에게 선물로 주니 주니어용이란다. 스페인어를 모르는 데서 빚어진 실수였다.

약간의 오르막 길을 오르다 2시 방향으로 걸어가니 5층 정도의 건물 외벽에 상반신의 모델 사진이 아주 큰 형태로 게시되어 있고 DIOR 이라 씌어 있는데 향수의 광고 같다. 거기서 1시 방향, Gran Via 거리로 우회전하니 맞은편에 메트로폴리스 빌딩이 보였다. 이 거리는 마드리드에서 쇼핑이나 식당으로 유명한 곳이다. 산토도밍고 지하철역을 지나가다 한국인 가족을 만났다. 40세 전후의 부부인데 10세 정도의 여아(女兒)를 데리고 걸었다. 반가워서 인사를 건넸다.

좀 더 내려가니 스페인광장이다. 말이 광장이지 시장의 노점상같다. 광장 안에는 포장마차 같은 가건물의 노점상이 가득했다. 아마 이동 시장으로 운영하는가 보다. 공원 안쪽으로 들어가니 소설 돈키호테를 쓴 세르반테스의 기념비가 있다.

사람들이 물결처럼 몰려다니는 거리 옆으로는 높은 빌딩들이 길 양쪽에 빼곡했다. 많은 인파로 한눈팔 겨를이 없었다. 일행들과 저녁 식사를 약속한 7시가 가까워져 돌아오는데 낯선 건물이 보여 잘못 왔나 싶어 긴장했으나 다행히 옳은 길로 왔다.

크리스탈 갤러리 앞에 사람들이 길게 줄을 서서 입장하고 있다. 시간이 있다면 호수가 있는 넓은 레티로공원과 마드리드 왕립식물원에도 들어가 보았으면 좋았을 텐데, 그렇게 유명한 곳이 있는 줄도 모르

리나레스궁전

메트로 폴리스 빌딩의 광고

DOS DE MAYO(5월 2일)의 기념탑

임시 시장이 형성된 스페인광장(왼쪽에 하얗게 보이는 조형물이 세르반테스 기념상)

고 지나쳤다. 가이드 없는 여행의 한계다. '5월 2일의 기념탑'[57]을 촬영하고 스페인 프라도 미술관과 농무부 건물을 살펴보며 아토차역으로 와서 길을 건너 약속 장소인 햄버거 가게로 갔다.

햄버거 가게의 2층에서 일행을 기다리니 석교 씨만 호텔에서 혼자 나왔다. 7시 약속인데 20분이 지나도 승호 씨와 길짱, 운영사가 오지 않았다. 승호 씨에게 전화하니 길짱과 저녁을 먹었다며 이따 호텔로 온다고 했다. 운영자는 끝내 오지 않았고 전화도 없다. 전화도 하지 않는 그의 무소식에 몹시 섭섭하였지만 마음을 달랬다. 석교 씨와 둘이서 햄버거와 무가당 콜라로 저녁을 때우고 호스텔로 돌아왔다.

호스텔로 들어와 일기를 쓰고 있는데 밤 10시쯤 일행이 왔다. 운영

57. 프랑스 근대에 맞서 시민들이 봉기한 사건의 기념(이후 독립전쟁의 시작점).

자는 약속을 못 지켜 미안하다는 말 대신에 저녁값이라며 돈을 주었다. 운영자는 어디서 뭘 하다 왔는지 말하지 않았다. 혹시 승합차에서 자다가 너무 깊이 잠들어 약속 시간에 못 일어났을까? 왜 늦었는지, 왜 미안하다는 말을 안 하는지 이해가 되지 않았다.

스페인 농무부 건물

프라도미술관

제19장

[귀로] 아부다비를 경유하여 인천으로

마드리드의 호스텔에서 새벽에 일어나 짐을 꾸려 밖으로 나온 시각은 6시 50분이었다. 석교 씨만 내려오지 않았다. 호출한 택시가 도착하여 석교 씨에게 전화를 걸었으나 받지 않았다. 운영자가 호텔에 들어갔다가 함께 나왔다. 나중에 석교 씨에게 왜 늦었느냐고 물으니, 운영자가 어제 약속을 어겨서 그랬다는 것이다.

마드리드 공항으로 가, 주차장에서 승합차에 실었던 자전거 박스를 내려 엘리베이터를 타고 올라갔는데, 건너편으로 나가는 통로가 나오지 않았다. 큰 짐은 반 층을 내려가야 하는데 그런 탑승구가 있는 줄 몰랐다. 엘리베이터의 조작을 어떻게 해야 하는지 몰라 모두 당황하여 두리번거리다가 공항 직원이 오기에 문의했다. 엘리베이터를 그 반층 통로에서 정지시키는 스위치가 엘리베이터 안에 따로 있었다. 처음 알게 된 일이다.

체크인 카운터에서 자전거 박스를 부치고 1시간 정도를 기다리다가 비행기에 탑승했다. 아랍 에미리트에서 내려 다시 인천행 비행기로 환승하기 위해 기다렸다. 시간이 많이 남아, 석교 씨에게 커피 한 잔 마시자고 제안하여 통로에 있는 허술한 카페로 갔다. 승호 씨와 길짱은 어디에 있는지 보이지 않았다. 남은 유로 동전을 모두 꺼내니 7

유로였다. 커피 두 잔은 충분히 살 수 있을 것으로 여겼는데 종업원은 돈을 더 내라고 했다. 석교 씨가 3유로를 더 냈다. 알고 보니 커피 한 잔 값이 5유로(약 7,500원)였다. 석교 씨는 이번 여행 중 가장 비싼 커피를 마셨다고 했다. 어제 석교 씨가 빵과 쥬스를 사주어 커피로 답례하려고 했는데 미안하게 되었다.

다시 인천행 비행기로 갈아탔다. 창쪽에 석교 씨가 앉고, 우측에 승호 씨가 앉아 내가 중간에 끼어 앉았다. 석교 씨는 승호 씨와 말하고 싶지 않다며 이번에는 창쪽 자리를 나에게 양보하지 못하겠다고 했다. 길짱은 따로 멀리 앉아 비행기 기내에서 보이지 않았다. 긴 비행 시간에 이번 여행에 대한 이야길 나누고 싶었는데 승호 씨와 석교 씨가 대화를 꺼려 중간에 있는 나도 인천공항에 도착할 때까지 입을 닫고 왔다.

인천공항에서 가방을 찾으려고 체인벨트 옆에서 기다리고 있는데 가방을 먼저 찾은 석교 씨가 "좀 섭섭한 점이 있더라도 이해해 주세요."라고 말한 후, 분당행 리무진 버스를 타러 갔다. 승호 씨도 가방이 나와 서수원행 리무진 버스를 타러 갔다. 잠시 후, 승호 씨가 전화하여 받으니 잠시 후에 수원행 버스가 있다고 알려주었다. 컨베이어 벨트에 가방이 올라오는 게 끝난 것 같은데 내 가방이 나오지 않았다. '혹시 스페인에서 주운 돌을 가방에 넣어 불법 반입물로 걸린 것일까?' 걱정이 되었다. 잠시 초조하게 기다렸더니 가방 몇 개가 컨베이어 벨트로 올라왔다. 거기에 내 가방이 있다. 가방을 벨트 안에서 꺼내어 들고 서둘러 버스 승강장으로 갔더니 승호 씨가 서수원행 버스를 기다리고 있다.

"왜 석교 씨와 말을 하지 않았습니까?" 하고 물었다. 그러자, 승호 씨는 "마드리드의 호스텔에서 방을 둘이 써야 하는데 더블 침대에 이불은 하나라고 혼자 쓰겠다."고 하여 언짢았다는 것이다. 운영자가 최소의 경비로 이번 여행을 에스코트하는데 경비 절감에 좀 협조해 주어야 되지 않겠느냐는 뜻이다. 그래서 마지막 날 승호 씨와 길짱, 나와 셋이서 한 방을 쓰게 되어 화가 났다는 것이다. 멀고 먼 스페인 산티아고에 14일 동안 함께한 여행인데 일행들과 마무리가 그렇게 되어 찜찜했다. 여행을 시작할 때는 반갑게 만나지만 며칠 함께 지내다 보면 갈등이 생기기 쉽다더니 그렇게 되었다.

수원행 리무진 버스에 승호 씨가 올라가더니 혼자 앉는 자리에 앉았다. 둘이 앉는 자리가 많이 비어 있어 함께 앉아 이야기를 나누자고 했더니, 따로 앉아 가는 게 편하다고 그대로 있었다. 버스가 달리는 동안 배가 고파, 비행기 기내에서 받은 빵과 물을 꺼내 함께 먹자고 권하니 먹지 않겠다고 하여 혼자 먹었다. 서수원터미널에 도착하여 함께 내렸다. 아내가 정류장에 차를 대놓고 기다려 머뭇거리니, 그는 부인이 차를 가져오기로 했다며 먼저 가라고 작별 인사를 했다. 나는 다음에 한번 만나자는 인사를 하고 귀가했다.

그들은 내가 여행기를 쓴다니, 자기들 얼굴이 나온 사진을 게재하지 말고 이름도 밝히지 말라고 하여 이 여행기에 가명을 썼고, 그들이 나오는 사진은 배제했다. 단 그들이 나온 사진도 필요해서 몇 장 넣었는데 얼굴이 작아 누군지 모를 사진들이다. 아마도 나와 함께한 여행이 그들에게는 편하지 않았던가 보다. 내 잘못이 커서 그런 것 같아 미안하고 송구스럽다.

부르고스주 온타나스 부근의 순례길

산티아고 여행의 성찰과 여운

　이베리아반도의 동북부, 프랑스의 생장피에드포르에서 출발하여 스페인의 피레네 산맥을 넘어 산티아고데콤포스텔라까지 자전거로 달렸다. 이 여행을 하게 되면 스페인의 이국적인 풍광, 아름다운 자연, 웅장하고 유서 깊은 성당과 역사적인 유적지를 유감없이 볼 수 있기를 기대했다. 그리고, 2천 리나 되는 먼 거리를 아무런 사고 없이 산티아고 대성당에 도착할 수 있기를 소망하였다.

　스페인은 국토가 한국보다 5배나 넓은 나라다. 그런데 인구는 스페인이 4800만 명으로서 우리나라와 비슷하다. 그러나 인구 밀도가 ㎢당 한국은 약 500명, 스페인은 90명으로서 한국의 1/5이다. 2 주일 동안 살펴본 스페인은 북부의 극히 일부분이다. 더구나 자전거로 목적지에 달려가는 데에만 집중하다 보니 세계적으로 유명한 유적지나 성당을 지나가면서도 거의 살펴보지 못하고 스쳐 지나갔다. 또 주민들이나 세계 여러 나라에서 온 관광객들과 어울릴 수 있는 기회가 있었지만 짧은 영어 실력과 외국인과의 접촉을 꺼리는 동행자 때문에 그런 즐거움을 누리지 못했다. 오로지 자전거 800km의 라이딩 기록을 세우러 왔거나 극기훈련을 온 것처럼 자전거로 달리는 일에만 몰두한 것이다.

산티아고 순례길에서 본 스페인의 도시나 마을은 상당한 거리를 두고 떨어져 있어서 여유로운 공간이 많았고, 시골길이 한적하여 명상하기 좋은 분위기였다. 산티아고 까미노에서는 여러 나라의 순례객을 많이 만날 수 있었지만 자전거를 타고 달려가기 때문에 이동하는 속도가 보행자와 달라 함께 어울릴 기회가 없었다.

연 평균 약 30만 명이 산티아고를 다녀간다니 1년 중 한겨울의 2개월을 제외하면 300일 정도만 산티아고를 향하여 걷는다. 그 숫자가 하루 평균 약 1,000명 정도로 추정된다. 물론 그 인원이 모두 800km를 완주하는 게 아니고, 일부 구간만 걷는 사람이 있고, 여러 루트로 나뉘어 걷기 때문에 순례자들이 모두 같은 길로 가는 것은 아니다.

이번 자전거 여행을 함께한 5명은 여행 이전에는 전혀 알지 못했던 사람들로서 친분도 없고 성향도 달라 대화가 사무적이어서 여행하는 동안 진지한 대화를 나누지 못했다. 특히 필자는 자전거 주행 속도가 느려 일행들과 자주 떨어져 길을 잃거나 곤란한 상황의 원인을 제공하기도 했다. 다른 사람들은 필자의 느린 속도 때문에 기다려 주느라 불편했을 것이며 불만도 많았을 것이다. 그래서 여행은 누구와 함께 하느냐가 중요하다. 주행 능력이 비슷해야 함께 달릴 수 있다. 또 친분이 두터워야 이해와 양보가 수월하고, 성향이 비슷해야 공통 관심사의 대화를 나눌 수 있기 때문이다.

운영자와 길짱은 이 여행 전부터 알고 있어 친분이 있었고, 석교 씨와 승호 씨는 자전거의 경력이나 기량이 갖추어져 있어 초·중반에는 둘이 잘 어울렸다. 그런데 필자는 자전거 타는 기량이나 요령이 바둑에서의 하수(下手)와 같아서 대화에서 자주 소외되었다. 그렇게 14일

동안 여행하며 국외자(局外者)처럼 지내다 작별하게 된 것이다.

필자는 산티아고까지 자전거로 달려보려는 의욕은 강했지만 준비와 기량이 부족했고, 구성원과의 친화력도 부족해 여행하는 동안 갈등이나 심리적 불편을 많이 겪었다. 아침에 출발할 때는 오늘의 목적지가 어디인지, 어디에서 쉬고, 점심은 어디에서 먹을 것인지 등의 계획을 알아야 되는데 모르는 상태에서 뒤를 따라가다가 길을 잃는 시행착오를 반복했다. 운영자와 길짱은 산티아고에 다녀온 경험이 있다지만 익숙하지 않았고, 운영자는 여행자를 위한 안내가 미흡했다. 특히 여행 중에 전화를 받지 않아 소통이 안 돼 여행 내내 불편했다.

물론 가까운 사이의 두 사람이라도 산티아고에 여행을 가면 처음엔 같이 걷다가 서로 다른 속도와 견해 때문에 나중에는 각자 따로 걷는 게 흔한 일이라고 한다.

그러니 큰 다툼이 없었으니 그나마 다행이다. 이번에 일행들과 겪은 불편 때문에 타산지석으로 배운 것과 알게 된 것은 많다. 아무런 불편이나 어려움이 없었다면 터득한 것도 적었을 것이다. 그런 어려움을 극복하는 데에서 배우기도 하고 깨우지는 점도 있다. 다시 긴다면 훨씬 즐겁고 유익한 여행을 할 수 있을 것 같다. 그게 배운 점이며 소득일 것이다.

스페인의 자연환경은 우리나라의 시골 어디선가에서도 볼 수 있을 것 같은 산하(山河)요 들길이다. 다만 사람이 드물고 마을도 멀리 떨어져 있어 한적한 공간이기에 명상과 사색하기에 적합한 길이었다. 800km나 되는 긴 여로(旅路)에서 비슷한 길도 있었지만 날마다 새롭게 만나는 풍광을 보며 기쁨을 누리기도 했다. 그런데 우리가 자전거로 달린 길은 순례자들의 보행로가 아닌 대부분이 포장(鋪裝)된 차도(車道)였다. 그래서 순례길에서 볼 수 있는 비문명적 자연이나, 종교적 유적, 또는 성당이나 교회에 거의 들르지 못하고 스쳐 지나갔다. 오로지 목적지인 산티아고를 향해 달리는 데에만 집중하여 자전거로 달린 장거리 트레이닝이라고 해야 어울릴 것 같은 여행이었다.

산티아고 순례길은 자전거를 타고 주마간산(走馬看山) 격으로 달리는 것보다 천천히 걸으면서 명상하며 걸어가야 더 의미가 있을 것 같다. 천천히 걸으면서 유적이나 명소를 관찰하고, 여유롭게 명상하며 걷는 것이 정석(定石)이라는 말에 공감한다. 대부분의 순례자들은 포장되지 않은 흙길이나 자갈길을 천천히 걷는다. 그렇게 여유 있게 걸어가며 사색하거나, 어려움을 극복하고 고통을 감내하는 과정에서 정신적 수양(修養)도 가능할 것이다.

그러나, 한 달 정도의 보행(步行)이 어렵기 때문에 2주일이면 가능한 자전거를 이용하게 되었다. 시간이 많지 않은 경우에는 자전거를 이용하는 것도 효율적인 방법이 될 수 있다. 자전거로 달리는 것은 걷는 것보다 3배가 빠르고 3배 이상 멀리 갈 수 있으며 이동하는 고통도 덜하다. 적어도 발에 물집이 잡힌다거나 과도한 피로로 발을 저는 일은 없다. 자전거의 안장에 앉아서 타고 가는 기계이기 때문에 걷는 것보다는 훨씬 힘이 덜 들고 고통도 적다.

그래서 이번 여행의 운영자는 "걸어서 온 순례자들 중에는 산티아고 성당에 도착하여 감격의 눈물을 흘리는 경우가 있는데 자전거로 온 여행자 중에는 눈물을 흘리는 것을 보지 못했습니다."라는 말을 했을 것이다. 걸어온 사람들이 자전거를 타고 온 사람들보다 훨씬 고생이 심하기 때문이다. 그만큼 자전거 여행이 수월하다고 할 수 있다.

실제로 산티아고 순례길에는 많은 자전거 여행자가 역동적으로 달리는 걸 볼 수 있다. 다만 자전거로 여행하면 순례의 의미보다 운동 효과와 성취감을 얻는 것에 만족해야 할 가능성이 높다. 그러므로 여행하는 사람들의 여건과 목적, 관심과 성향에 따라 여행의 방법이나 내용이 다르게 된다. 여하튼 여행에서 가장 중요한 것은 어떤 사람과 함께 하느냐에 달려있다. 서로 비슷한 점이나 공통 관심사가 있어야 대화가 재미있고, 이해와 협조가 이루어져 갈등없이 즐거운 여행을 할 수 있다.

이번 여행은 아쉬운 점이 많았다. 여행을 시작하기 전에 정보를 충분히 습득하여 휴대폰의 네비로 주행로를 찾아갈 수 있어야 했는데 그 준비가 안 됐다. 또, 트레이닝을 충분히 하여 오르막을 잘 오를 수 있는 근력을 갖추어야 하는데 그런 준비가 안 되어 일행과 자주 떨어져 가느라 무리수가 많았다.

운영자는 라이딩 참여자가 7명은 돼야 수익을 기대할 수 있는데 4명만으로 운영하느라 경비 절감에 고심이 많았을 것이다. 그래시, 저렴한 숙소와 식당을 찾느라 주행자들에게 길 안내를 제대로 못했을 것이다. 또, 필자는 비행기나 버스를 타고 갈 때, 휴식이나 잠을 잘 때도 글을 쓴다고 부시럭거려 일행들이 상당히 불편했을 것이다. 그들은 자전거 타는 요령, 복장 등 여러 가지를 필자에게 알려주었고 조언도 해주었다. 그렇지만 필자가 질문하거나 의견을 내면 퉁명스럽게 답하거나 대답하지 않아 민망할 때가 있었다.

도보 순례자들이 걷는 길은 비포장 도로인 흙길이나 자갈길이 대부분이다. 그러나, 우리는 자전거로 빠르게 이동하고자 포장된 도로를 주로 이용했다. 그래서 호젓한 길로 명상을 즐기며 가는 게 아니라 시속 20km 내외의 속도로 달리다 보니 경관이나 명승지조차 스쳐 지나갔다. 좋은 장면이 나오면 잠시 머무르며 관찰이나 감상을 해야 하련만 목적지를 향해 달리는 데에만 급급했다.

산티아고는 예수의 제자인 야고보가 예수의 복음을 전하기 위해 걸어간 성(聖)스런 길이다. 스페인의 성당이나 교회는 마을의 센터나 중요한 곳에 자리하고 있어, 생활의 센터였다. 그러므로 기독교인들은 그 교회나 성당에 들어가 예배나 미사를 보고 간다면 더 뜻깊은 순례가 될 것이다. 그런데 기독교도가 아닌 필자가 기독교의 성지인 순례길을 가려고 도전한 것은 어쩌면 넌센스였는지도 모른다. 하느님 말씀을 전하고자 걸어간 성 야고보의 정신을 새겨보거나 예수님에 대한 신심(信心)을 다지기 위해 경건하고 숙연한 마음으로 가야 할 길이었다.

특히 산티아고 대성당에서 겉만 보고 다 본 것으로 착각하고 안에 들어가 관람하는 것은 생각조차 못했다. 실내에 들어가서 성 야고보의 유해가 안치된 은제 성상과 영광의 포르티코[58]를 꼭 봐야 한다는데 그런 걸 전혀 모르고 밖에서 성당의 건물만 보고 온 것이다. 포르티코는 로마네스코 양식의 정교한 조각품으로서 성경 장면과 24장로상을 묘사한 유럽 최고의 걸작이라고 한다는데 그런 걸 보려는 생각을 하지 못했다. 성당의 내부에 들어갈 수 있는지조차 몰랐으니 눈뜬 장님

---

58. 로마네스크 양식의 3개의 정문. 성 야고보와 성경의 인물들을 조각해 놓아 순례자들에게 천국의 문이라고 함.

에 다름 없었다. 오로지 자전거로 생장에서 산티아고까지 달리는 목표만 중시했던 결과다. 그 외에도 거대한 향로인 보타푸메이로, 파이프오르간, 12사도와 최후의 심판 유물과 조각군도 볼 수 있다는데 전혀 알지 못했다. 산티아고 순례기를 여러 권 살펴보았지만 그런 내용을 본 기억이 없다.

어쨌든 이번 여행에서 명승지를 제대로 보지 못하고, 또 일행들과 즐겁게 지내지 못한 점이 매우 아쉽다. 누군가의 말처럼 환상을 깨러 간 여행이 되고 만 것이다. 다시 산티아고 순례길을 간다면 혼자서 명상하며 여유롭게 걷고 싶다. 물론 혼자 가면 사고가 생기거나 몸이 아플 때, 문제 해결이 어려울 수 있다. 그래서 배우자나 친구와 함께 가면서 서로에게 도움을 줄 수 있어야 즐거운 여행이 될 수 있다. 또 일정을 여유 있게 잡아 유적지나 관광명소를 주의 깊게 살펴보고, 외국인들과도 소통하면서 다니는 여행이어야 유쾌한 여행이 될 것 같다.

새로운 세계를 향해 떠나는 여행자들은 경이롭고 특별한 세계를 기대하지만 그렇게 이상적(理想的)인 세계를 만나기는 쉽지 않다. 낮과 밤이 있고 선(善)과 악(惡)이 있듯이 사람에게도 장점과 단점이 있다. 목적지에 대한 동경이란 미지의 세계에 대한 기대감이거나 호기심으로 품는 환상이다. 막상 가보면 상상하던 꿈이 깨어지기 쉬운 것이 여행이다. 그리고 아쉬운 일, 미흡했던 일, 안타까운 일들이 없을 수는 없다. 불가피한 일이다. 예술에 완성이 없듯이 여행에도 미련이나 여한이 남을 수밖에 없다. 그래서 다시 어딘가에 가고 싶고, 또 미지의 세계를 꿈꾸게 된다.

스페인의 들판과 산하(山河)를 자전거로 달리며 아름다운 풍광을 보고 견문을 넓히며 명상과 사색으로 정신세계를 풍성하게 하는 일은 뜻깊은 일이다. 또한 어려운 도전을 성취하는 과정을 통해 심신을 단련할 수도 있다. 또 장거리를 달리는 근력 운동으로 체력과 감내력을 기르는 것도 자전거 여행의 효과다. 나아가 자아의 발견이나 자아의 성장에 터닝 포인트도 될 수 있다.

아무튼 산티아고 순례길을 꼭 가보고 싶었던 버킷 리스트를 실현하게 되었으니 소망을 이룬 성취감을 가지게 되었다. 산티아고 순례길에서 체험한 아름답고 인상 깊었던 장면들을 회고하며 아쉬움조차 추억으로 오랫동안 간직하게 될 것이다. 그래서 이 산티아고에 두 번, 세 번, 거듭 찾아가는 순례객이 있다는 사실을 공감할 수 있다. 필자에게 다시 기회가 주어진다면 산티아고에 다시 또 가고 싶다. 그때는 가능하면, 뜻이 맞는 사람과 동행하고 싶다.

이번 2주 동안의 여행 중 인상적인 장면들을 정리하면 다음과 같다. 자전거 주행의 첫날, 피레네산맥의 이바네타 고개에 도착했을 때의 흐뭇함, 팜플로나의 가스띠요 광장에서 본 환상적인 황혼, 강변 풍광과 잘 어울리던 푸엔테라레이나 다리, 로그로뇨의 광장에서 손잡고 춤추던 시민들의 여유롭고 낭만적인 모습, 산토도밍고 시내의 공원에서 브라스 밴드의 음악에 수십 명이 손잡고 춤추던 축제장, 아스토르가에서 관람한 순례자박물관, 부르고스, 레온, 산티아고에서 본 웅장하면서도 조각품 같은 성당의 건축물, 바르셀로나에서의 버스 투어와 마드리드의 시내에서의 도보 관광 등은 2주일의 시간과 600만 원이 넘는 경비의 투자에 상응할 만한 보상을 받은 것 같다.

팜플로나에서 본 황혼

부록 I. 순례자 인증서와 순례자 카드

1. 순례자 인증서

(번역)

이 알마 사도 대교구 성당은 복된 사도, 그리고 야고보 재단의 인장을 보관하는 곳으로서, 전 세계의 모든 신자들과 순례자들이 신앙심이나 서원을 위해 우리 사도이자 은총의 수호성인인 성 야고보 성당에 모일 때, 각자에게 공식적인 방문 증명서를 발급할 수 있도록 합니다.

채 찬 석

이 가장 신성한 성전에 도착한 그는 마지막 도보나 말을 타고, 나머지 20만 미터는 경건한 마음으로 자전거를 타고 방문했습니다. 그의 신앙을 기리기 위해 이 메시지는 거룩한 교회의 인장으로 서명되었습니다.

10월 22일 산티아고 순례
나는 세인트 DHL 2022를 사랑한다

호세 페르난데스 라고
산티아고 데 콤포스텔라 대성당의 주임사제

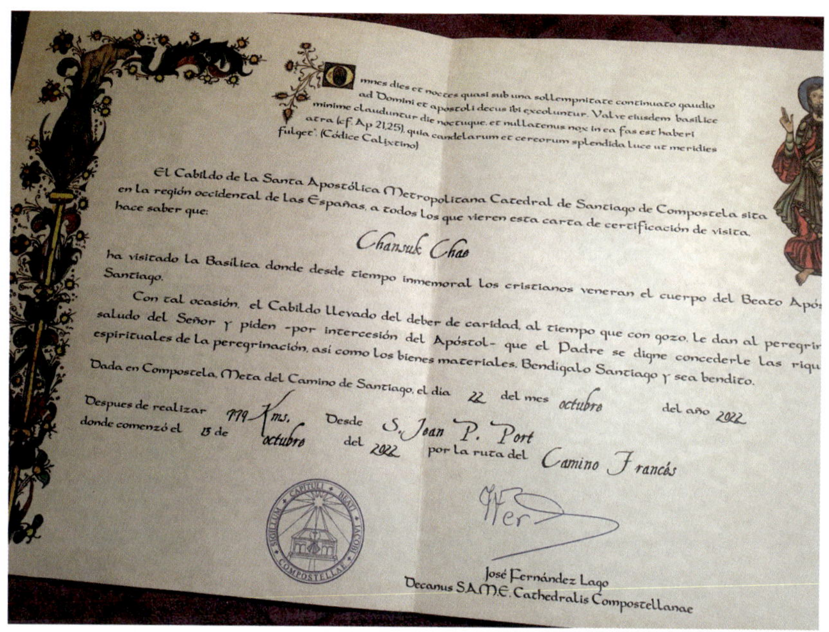

(위 인증서 라틴어 번역)

기독교인들은 아주 오래 전부터 사도 야고보의 유해를 경배해 온 성당을 방문했습니다.

이날, 자비의 의무에 감동한 교구민들의 순서로 주님의 인사를 전하고, 사도 야고보의 천구를 통해 하느님께서 그에게 순례의 영적인 풍요로움과 물질적인 덕목을 베풀어 주시기를 간구했습니다. 성 야고보께서 그를 축복하시고, 또한 축복받으시기를 바랍니다.

산티아고 순례길의 종착지인 콤포스텔라에서 10월 22일 발표

2022년 10월 13일 프랑스길 세인트

2. 순례자 카드(크레덴시알)

3. 업소와 기관의 방문 확인 스템프 1

4. 업소나 기관의 방문 확인 스템프 2

5. 업소나 기관의 방문 확인 스템프 3

부록 II. 산티아고 도보 여행 구간별 거리

지역	남은 거리	누적 거리	구간 거리	지명	고도 (m)	알베 르게	추천	비고	두길 래길	일정 (km)
프랑스	796.0	0.0	0.0	생장피에드포르 st.jean pled d'Port	170	A	○			
	790.4	5.6	5.6	운토 Huntto	400	A				
	788.0	8.0	2.4	오리송 Orisson	1020	A				
	779.0	17.0	9.0	국경 Frontera	1340			국경		
	774.9	21.1	4.1	콜 데 레포에데르 Col de Loeder	1450			피레네산맥 최고점		Day1 25.1
	770.9	25.1	4	론세스바예스 Roncesvalles	960	A	추천			
	767.9	28.1	3	부르게테 Burguete	850			호텔있음		
	752.6	43.4	15.3	알토 데 에로 Alto de Erro	810					
	749.0	47.0	3.6	수비리 Zubiri	550	A	○			Day2 27.4
	743.5	52.5	5.5	라라소아냐 Larrasoana	550	A	○			
	732.3	63.7	11.2	아레 Arre	500	A				
	727.7	68.3	4.6	팜플로나 Pamplona	440	A	○			Day3 20.9
	722.6	73.4	5.1	시수르 메노르 Cizur Menor	480	A	○			
	716.4	79.6	6.2	사리키에기 Zariquiegui	600	A				
	714.0	82.0	2.4	페르돈 고개 Alto del Perdon	790			중세 순례자 상		Day4 19.0
스페인 나바라 주	710.3	85.7	3.7	우테르가 Uterga	530	A				
	703.6	92.4	6.7	푸엔테 라 레이나 Puente la Reina	350	A	추천	왕비의 다리		
	695.8	100.2	7.8	시라우키 Cirauqui	500	A				
	690.1	105.9	5.7	로르카 Lorca	480	A				Day5 21.9
	681.7	114.3	8.4	에스테야 Estella	430	A	○			
	679.9	116.1	1.8	아이예기 Ayegui	520	A	○			
	676.7	119.3	3.2	호텔 이라체 Hotel Irache	520			호텔있음		
	672.1	123.9	4.6	비야마요르 데 몬하르딘 Villamayor de Monjardin	650	A				Day6 21.4
	660.6	135.4	11.5	로스아르코스 Los Arcos	405	A				
	653.6	142.4	7.0	산솔 Sansol	500	A				
	652.6	143.4	1.0	토레스 델 리오 Torres del Rio	470	A				
	642	154.0	10.6	비아나 (Viana)	470	A	○			Day7 28.1

지역	남은 거리	누적 거리	구간 거리	지명	고도 (m)	알베르게	추천	비고	두길 래길	일정 (km)
라 리오 하 주	632.5	163.5	9.5	로그로뇨 Logrono	380	A	○			
	623.7	172.3	8.8	그라헤라 봉 Alto Grajera	540					
	620.1	175.9	3.6	나바레테 Navarette	530	A	○	철조망 나무십자가		
	612.5	183.5	7.6	벤토사 Ventosa	610	A				
	603.1	192.9	9.4	나헤라 Najera	490	A				Day8 27.4
	597.3	198.7	5.8	아소프라 Azofra	540	A	추천			
	588.0	208	9.3	시루에냐 Cirueña	730	A				
	582.1	213.9	5.9	산토 도밍고 데 라 칼사다 Santo Domingo de la Calzada	640	A	○			Day9 21.0
	575.1	220.9	7	그라뇽 Grañon	720	A	○	교구 호스텔		
	571.1	224.9	4	레데시야 델 카미노 Redecilla del Camino	750	A				
	567.1	228.9	4	빌로리아 데 리오하 Viloria de Rioja	780	A				
	558.2	237.8	8.9	벨로라도 Belorado	790	A	○			Day10 23.9
	553.2	242.8	5	토산토스 Tosantos	800	A				
	549.8	246.2	3.4	에스피노사 델 카미노 Espinosa del Camino	890	A				
	546.3	249.7	3.5	비야프란카 몬테스 데 오카 Villafranca Montes de Oca	940	A				
	534.1	261.9	12.2	산후안 데 오르테가 San Juan de Ortega	950	A	No	무인구간 12.2km		Day11 24.1
	530.5	265.5	3.6	아헤스 Ages	950	A	추천			
	527.9	268.1	2.6	아타푸에르카 Atapuerca	950	A				
	525.7	270.3	2.2	마타그란데 봉 Alto Matagrande	1080			미스터리 서울		
	508.5	287.5	17.2	부르고스 Burgos	850	A	추천	대성당		Day12 25.6
	501.8	294.2	6.7	비얄비야 데 부르고스 Villalbilla de Burgos	850	A				
	498.3	297.7	3.5	타르다호스 Tardajos	820	A				
	496.3	299.7	2	라베 데 라스 칼사다스 Rabe de Las Calzadas	830	A				
	488.5	307.5	7.8	오르니요스 델 카미노 Hornillos del Camino	820	A	○			Day13 20.0
	482.7	313.3	5.8	아로요 산볼 (Arroyo Sanbol)	900	A	No			
	477.7	318.3	5	온타나스 (Hontanas)	820	A	○			
	472.0	324.0	5.7	산 안톤 (San Anton)	780	A				
	467.3	328.7	4.7	카스트로헤리스 (Castrojeriz)	800	A	○			Day14 21.2
	463.8	332.2	3.5	모스텔라레스 고개 (Alto Mostelares)	900					
	458.2	337.8	5.6	알베르게 산 니콜라스 (St. Nicolas)	800	A		세족식 6-9월		

지역	남은 거리	누적 거리	구간 거리	지명	고도 (m)	알베 르게	추천	비고	두길 래길	일정 (km)
카스티야 레온 주 (팔렌 시아주)	456.3	339.7	1.9	이테로 데 라 베가 Itero de la Vega	800	A				
	448.2	347.8	8.1	보아디야 델 카미노 Boadilla del Camino	780	A				
	441.8	354.2	6.4	프로미스타 Fromista	780	A	○	산 마르틴 성당		Day15 25.5
	438.0	358.0	3.8	포블라시온 데 캄포스 Poblacion de Campos	800	A	○			
	427.9	368,1	10.1	비알카사르데시르가 Villalcazar de sirge	810	A				
	422.1	373.9	5.8	카리온 데 로스 콘데스 Carrion de los Condes	840	A	○			Day16 19.7
	404.6	391.4	17.5	칼사디야 데 라 쿠에사 Calzadilla de la Cueza	860	A		무인구간 17.5km		
	398.1	397.9	6.5	레디고스 Ledigos	860	A				
	395.3	400.7	2.8	테라디요스 데 로스 템플라리오스 Terradillos de los Templarios	880	A	○			Day17 26.8
	389.5	406.5	5.8	산 니콜라스 델 레알 카미노 San Nicolas del Real Camino	880	A				
카스티야 레온 주 (레온주)	382.2	413.8	7.3	사아군 Sahagun	860	A	○			
	377.1	418.9	5.1	칼사다 데 코토 Calzada de Coto	860	A				
	368.4	427.6	8.7	칼사디야데 로스 에르마니요스 Calzadilla de los Hermanillos	880	A				Day18 26.9
	351.5	444.5	16.9	레리에고스 Reliegos	860	A		무인구간 16.9km		
	343.9	452.1	7.6	만시야 데 라스 물라스 Mansilla de las Mulas	800	A				Day19 24.5
	338.2	457.8	5.7	비야렌테 Villarente	800	A				
	333.7	462.3	4.5	아르카우에하 Arcahueja	840	A	No			
	325.3	470.7	8.4	레온 Leon	820	A	추천	대성당		Day20 18.6
	316.4	479.6	8.9	라 비르헨 델 카미노 La Virgen del Camino	900	A				
	302.2	493.8	14.2	비야르 데 마사리페 Villar de Mazarife	880	A				Day21 23.1
	288.9	507.1	13.3	오스피탈 데 오르비고 Hospital de Orbigo	820	A	추천	오르비고다리		
	283.3	512.7	5.6	산티바네스 데 발데이글레시아 Santibanes de Valdeiglesia	880	A				
	272.1	523.9	11.2	아스토르가 Astorga	870	A	추천			Day22 30.1
	266.8	529.2	5.3	무리아스 데 레치발도 Murias de Rechivaldo	900	A				
	262.7	533.3	4.1	산타 카타리나 데 소모사 Santa Catalina de Somoza	1000	A				
	257.8	538.2	4.9	엘 간소 El Ganso	1010	A				
	250.7	545.3	7.1	라바날 델 카미노 Rabanal del Camino	1160	A	○			Day23 21.4
	244.9	551.1	5.8	폰세바돈 Foncebadon	1420	A	No			
	242.9	553.1	2.0	쿠르스 데 페로 Cruz de Ferro	1505			철십자가		
	240.7	555.3	2.2	만하린 Manjarin	1410	A	No			
	233.7	562.3	7.0	엘 아세보 El Acebo	1060	A				

지역	남은 거리	누적 거리	구간 거리	지명	고도 (m)	알베 르게	추천	비고	두길 래길	일정 (km)
	229.9	566.1	3.8	리에고 데 암브로스 Riego de Ambros	870	A				
	224.2	571.8	5.7	몰리나세카 Molinaseca	610	A	추천			Day24 26.5
	216.3	579.7	7.9	폰페라다 Ponferrada	550	A				
	211.4	584.6	4.9	콜룸브리아노스 Columbrianos	530					
	200.3	595.7	11.1	카카벨로스 Cacabelos	480	A	○			
	193.5	602.5	6.8	비야프랑카 델 비에르소 Villafranca del Bierzo	550	A	○			Day25 30.7
	181.8	614.2	11.7	트라바델로 Trabadelo	600	A				
	175.2	620.8	6.6	베가 데 발카르세 Vega de Valcarce	630	A				
	173.0	623	2.2	루이텔란 Ruitelan	680	A	○			
	168.6	627.4	4.4	라 파바 La Faba	920	A				
	163.4	632.6	5.2	오세브레이로 O'Cebreiro	1330	A	추천	성당, 성빈, 성례		Day26 30.1
	157.9	638.1	5.5	오스피탈 데 라 콘데사 Hospital de la Condesa	1230	A		산로케순례자상		
	154.8	641.2	3.1	포이오 고개 Alto do Poio	1330	A				
	151.3	644.7	3.5	폰프리아 Fonfria	1260	A				
	142.7	653.3	8.6	트리아카스텔라 Triacastela	680	A	○			Day27 20.7
	131.0	665.0	11.7	사모스 Samos	570	A				
	117.7	678.3	3.7	사리아 Sarria	460	A	○			Day28 25.0
	113.4	682.6	4.3	바르바델로 Barbadelo	500	A				
갈리시 아 주 (루고 주)	104.1	691.9	9.3	페레이로스 Ferreiros	600	A				
	94.8	701.2	9.3	포르토마린 Portomarin	420	A	○			Day29 22.9
	86.6	709.4	8.2	곤사르 Gonzar	540	A				
	80.8	715.2	5.8	벤타스 데 나론 Ventas de Naron	640	A				
	76.3	719.7	4.5	에이레세 Eirexe	620	A				
	73.8	722.2	2.5	포르토스 Portos	580	A				
	68.7	727.3	5.1	팔라스 데 레이 Palas de Rei	580	A	○			Day30 26.1
	65.1	730.9	3.6	산 술리안 San Xulian	480	A				
	62.4	733.6	2.7	마토-카사노바 Mato-Casanova	480	A				

지역	남은 거리	누적 거리	구간 거리	지명	고도 (m)	알베 르게	추천	비고	두길 래길	일정 (km)
갈리시 아 주 (라코루 냐 주)	59.0	737.0	3.4	로브레이로 (Lobreiro)	480	A				
	53.4	742.6	5.6	멜리데 (Melide)	460	A	○			Day31 26.4
	42.3	753.7	11.1	리바디소 (Ribadiso)	300	A				
	39.3	756.7	3.0	아르수아 (Arzua)	380	A	○			
	23.2	772.8	16.1	산타 이레네 (Santa Irene)	400	A				
	20.1	775.9	3.1	아르카 도 피노 (Arca do Pino, Perrouzo)	290	A	○			Day32 22.2
	10.2	785.8	9.9	라바코야 (Lavacolla)	300					
	4.6	791.4	5.6	몬테 도 고소 (Monte do Gozo)	370	A	○	교황방문기념탑		
	0	796	4.6	산티아고 데 콤포스텔라 (Santiago de Compostela)	260	A	추천	산티아고대성당		Day33 20.1

부록 III. 산티아고 자전거 주행 경로

주행 기간 : 2022년 10월 13일~ 10월 22일(10일)

자전거 주행일	출발	경로	숙박지	숙소
	인천(18시)	아부다비	바르셀로나	호스텔
	바르셀로나	팜플로나	생장피에드포르	호스텔
1	생장피에드포르	스페인 론세스바예스, 수비리, 아레	팜플로나	알베르게
2	팜플로나	푸엔테라레이나, 에스테야, 비아나	로그로뇨	호스텔
3	로그로뇨	나헤라, 산토도밍고, 벨로라도	산후안데 오르테가	알베르게
4	산후안데 오르테가	부르고스, 산 안톤, 카스트로 헤리스, 페르나멘탈	프로미스타	호스텔
5	프로미스타	카리온데 로스로스콘데스, 사아군, 레리에고스	레온	호텔
6	레온	비야당 고스 델 파라모, 오스피탈 데 오르비고	아스토르가	호스텔
7	아스토르가	소모사, 폰세바돈, 만하린, 엘아세보	폰페라다	호스텔
8	폰페라다	카카벨로스, 베가데발카르세, 오세브레이로	트리아 카스텔라	알베르게
9	트리아카스텔라	사모스, 사리아, 포르토마린	팔라스데레이	호스텔
10	팔라스데레이	멜리데, 아르수아, 산타이레네	산티아고 데콤포스텔라	
	산티아고데콤포 스텔라	마드리드	마드리드	호스텔
		아부다비	인천	

※ 길을 잃거나 비가 내려 일부 구간 승합차로 이동(점프)

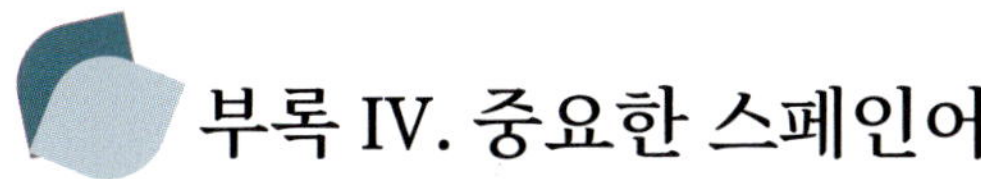

부록 IV. 중요한 스페인어

[기본 표현]

Hola. [올라] 안녕하세요?

Buenos días. [부에노스 디아스] 안녕하세요? (아침 인사)

Buenas tardes. [부에노스 따르데스] 안녕하세요? (오후 인사)

Buenas noches. [부에노스 노체스] 안녕하세요? (저녁 인사)

Gracias. [그라시아스] 감사합니다.

Está bien. [에스타 비엔] 괜찮습니다.

Bien, gracias. [비엔 그라시아스] 네, 잘 지냅니다.

Cómo? [꼬모] 다시 한 번 말씀해 주세요.

Por supuesto. [뽀르 수푸에스토] 물론입니다.

Entiendo. [엔띠엔도] 알겠습니다.

buen viaje [부엔 비아헤] 좋은 여행 되세요.

buenas noches [부에나스 노체스] 좋은 밤 되세요.

adiós [아디오오스] 안녕히 가세요 / 안녕히 계세요 / 안녕 (헤어질 때)

A dónde quiere ir usted? [아 돈데 끼에레 이르 우스 떼] 어디 가고 싶으신가요?

Qué deseas comer? [께 데세아스 꼬메르] 무엇을 드시고 싶으신가요?

Qué tal la comida? [께 딸 라 꼬미다] 음식이 어떤가요?

Qué tal el dormitorio? [께 딸 엘 도르미또리오] 침실은 어떤가요?

Qué tal Corea? [께 딸 꼬레아] 한국은 어떤가요?

[지시대명사]

allá [알라] (방향) 저기

aquí [아끼] (방향) 여기

este [에스떼] (사물) 이것

aquel [아껠] (사물) 저것

ven aquí [벤 아끼] 이리로 오세요.

[장소]

baño [바뇨] 화장실

dormitorio [도르미또리오] 방(침실)

restaurante [레스따우란떼] 레스토랑

recepción [레셉시온] 리셉션

[형용사]

frío [후리오] 춥다

caliente [깔리엔떼] 뜨겁다

picante [삐깐떼] 맵다

lindo [린도] 멋있다

bueno [부에노] 좋다/착하다

alto [알또] 높다, (키가)크다

[일상 대화]

De dónde es? [데 돈데 에스] 어디에서 오셨습니까?

Aquí tiene. [아끼 띠에네] 여기 있습니다.

Cuál es el propósito de su viaje? [꾸알 에스 엘 쁘로뽀시또 데 수 비아헤] 여행의 목적이 무엇입니까?

Cómo está? [꼬모 에스따] 요즘 어떻게 지내세요?

Un momento, por favor. [운 모멘또, 뽀르 파보르] 잠시만 기다려 주세요.

Me llamo James Dean. [메 야모 제임스 딘] 저는 제임스 딘입니다.

Es culpa mía. [에스 꿀빠 미아] 제 잘못입니다.

Hace un poquito de frío. [아쎄 운 뽀끼또 데 프리오] 좀 추워요.

Vale. [발레] 좋아요.

Tenga un buen día! [뗑가 운 부엔 디아] 좋은 하루 보내세요.

Lo siento. [로 시엔또] 죄송합니다.

Mucho gusto! [무초 구스또] 처음 뵙겠습니다.

De nada. [데 나다] 천만에요.

Necesito ir al aseo. [네세시또 이르 알 아세오] 화장실 다녀올게요.

Dónde está el aseo? [돈데 에스따 엘 아세오] 화장실이 어디에 있죠?

[숫자]

uno [우노] 하나

dos [도스] 둘

tres [뜨레스] 셋

cuatro [꾸아뜨로] 넷

cinco [씽꼬] 다섯

seis [세이스] 여섯

siete [시에떼] 일곱　　　　　ocho [오초] 여덟

nueve [누에베] 아홉　　　　　diez [디에스] 열

once [온쎄] 열하나　　　　　doce [도쎄] 열둘

trece [뜨레쎄] 열셋　　　　　catorce [까또르쎄] 열넷

quince [낀쎄] 열다섯　　　　dieciséis [디에씨세이스] 열여섯

diecisiete [디에씨시에떼] 열일곱　　diecicocho [디에씨오초] 열여덟

diecinueve [디에씨누에베] 열아홉　　veinte [베인떼] 스물

cincuenta [씬꾸엔따] 오십　　　cien [씨엔] 백

mil [밀] 천　　　　　　　　un millón [운 미욘] 백만

[카페 / 레스토랑]

La cuenta, por favor. [라 꾸엔따, 뽀르 파보르] 계산서 주세요.

Una mesa para no fumadores, por favor? [우나 메사 빠라 노 푸마도레스, 뽀르 파보르] 금연석으로 주세요.

Una servilleta, por favor. [우나 세르비예따, 뽀르 파보르] 냅킨 좀 주세요.

Para cuántas personas? [빠라 꾸안따스 뻬르소나스] 몇 분이 오셨어요?

Un vaso de agua, por favor. [운 바소 데 아구아, 뽀르 파보르] 물 한 잔 주세요.

Sólo azúcar, por favor. [솔로 아수까르, 뽀르 파보르] 설탕만 넣어 주세요.

Un protector gástrico, por favor. [운 쁘로떽또르 가스뜨리꼬, 뽀르 파보르] 소화제 좀 주세요.

Carne de vaca, por favor. [까르네 데 바까, 뽀르 파보르] 쇠고기 요리로 주세요.

Se mc ha caído una cuchara. [세 메 아 까이도 우나 꾸차라] 수저를 떨어뜨렸습니다.

Para tomar aquí o para llevar? [빠라 또마르 아끼 오 빠라 예바르] 여기서 드시겠어요? 포장해 가시겠어요?

Cuál es la especialidad del día? [꾸알 에스 라 에스뻬씨알리닫 델 디아] 오늘의 특선 메뉴는 뭐죠?

No quiero nada de comer. [노 끼에로 나다 데 꼬메르] 음식은 필요 없습니다.

Me temo que este filete está demasiado hecho. [메 떼모 께 에스떼 필레떼 에스따 데마시아도 에초] 이 스테이크는 너무 익힌 것 같아요.

Está libre este asiento? [에스따 리브레 에스떼 아시엔또] 이 자리는 비어 있나요?

A qué se debe este coste adicional? [아 께 세 데베 에스떼 꼬스떼 아디씨오날]

이 추가 요금은 무엇입니까?

Invita la casa. [인비따 라 까사] 이것은 서비스로 제공하는 것입니다.

Qué hay para cenar? [께 아이 빠라 쎄나르] 저녁 식사는 무엇인가요?

Yo invito. [요 인비또] 제가 계산할게요.

Qué va a pedir? [께 바 아 뻬디르] 주문 하시겠어요?

Podría cambiar mi pedido? [뽀드리아 깜비아르 미 뻬디도] 주문을 변경해도 될까요?

Me gustaría sentarme junto a la ventana. [메 구스따리아 센따르메 훈또 아 라 벤따나] 창가 자리로 주세요.

Me da un café. [메 다 운 까페] 커피로 주세요.

Quería un chuletón. [께리아 운 출레똔] 티본 스테이크로 주세요.

Otro tenedor, por favor. [오뜨로 떼네도르, 뽀르 파보르] 포크 하나 새로 가져다 주세요.

[교통]

Quiero irme lo antes posible. [끼에로 이르메 로 안떼스 뽀시블레] 가능한 한 빨리 떠나고 싶습니다.

Dónde está la boca de metro más cercana? [돈데 에스따 라 보까 데 메뜨로 마스 쎄르까나] 가장 가까운 지하철역은 어디입니까?

Deme uno para el que salga más temprano. [데메 우노 빠라 엘 께 살가 마스 뗌쁘라노] 가장 빨리 출발하는 표를 주세요.

Al aeropuerto, por favor. [알 아에로뿌에르또, 뽀르 파보르] 공항으로 가주세요.

Un billete para el express, por favor. [운 비예떼 빠라 엘 엑스쁘레스, 뽀르 파보르] 급행표로 주세요.

Cuál es la siguiente estación? [꾸알 에스 라 시기엔떼 에스따시온] 다음 역은 어디입니까?

Gire a la izquierda en el segundo semáforo. [히레 아 라 이스끼에르다 엔 엘 세군도 세마포로] 두 번째 신호등에서 좌회전 하세요.

A qué hora sale el último autobús del día? [아 께 오라 살레 엘 울띠모 아우또부스 델 디아] 버스 막차 시간이 몇 시죠?

Dónde está la parada del autobús? [돈데 에스따 라 빠라다 델 아우또부스] 버스 타는 곳이 어디에 있습니까?

Con qué frecuencia sale el autobús? [꼰 께 프레꾸엔시아 살레 엘 아우또부스] 버스가 얼마나 자주 출발하나요?

Dónde puedo hacer transbordo? [돈데 뿌에도 아쎄르 뜨란스보르도] 어디에서 환승할 수 있나요?

Déjeme aquí. [데헤메 아끼] 여기서 내려 주세요.

Pare aquí, por favor. [빠레 아끼, 뽀르 파보르] 여기에 세워 주세요.

Un billete de ida y vuelta, por favor. [운 비예떼 데 이다 이 부엘따, 뽀르 파보르] 왕복표 한 장 주세요.

Dónde se paga el billete? [돈데 세 빠가 엘 비예떼] 요금은 어디에서 냅니까?

Cuánto cuesta? [꾸안또 꾸에스따] 요금이 얼마입니까?

Hay algún autobús por aquí que vaya hasta el centro? [아이 알군 아우또부스 뽀르 아끼 께 바야 아스따 엘 쎈뜨로] 이 근처에 시내로 가는 버스가 있나요?

Hay alguna gasolinera cerca de aquí? [아이 알구나 가솔리네라 쎄르까 데 아끼] 이 근처에 주유소 있어요?

Este tren va a Madrid? [에스떼 뜨렌 바 아 마드리드] 이 기차가 마드리드행인가요?

Puedo cambiar de asiento? [뿌에도 깜비아르 데 아시엔또] 자리를 바꿔도 될까요?

Puede quedarse con el cambio. [뿌에데 께다르세 꼰 엘 깜비오] 잔돈은 가지세요.

A qué hora salimos? [아 께 오라 살리모스] 저희는 언제 출발하나요?

Dónde está la parada de taxis? [돈데 에스따 라 빠라다 데 딱시스] 택시 타는 곳이 어디인가요?

부록 V. 산티아고 경로 지명

산티아고 자전거 여행

초판 발행 • 2026년 3월 20일

글쓴이 • 채찬석
발행인 • 한은희
편   집 • 조혜련
교   정 • 이복규

펴낸곳 • 책봄출판사
주   소 • 경기도 고양시 덕양구 통일로 1276-8 (킹스빌타운 208동 301호)
            서울 중구 새문안로 32 동양빌딩 5층 (디자인 사무실)
전   화 • (010) 6353-0224
블로그 • https://blog.naver.com/anjh1123
이메일 • anjh1123@nate.com
등   록 • 2019년 10월 7일 제2019-0000156호

• 책값은 뒤표지에 있습니다.

ISBN • 979-11-992516-6-3(03920)